악필 손글씨
교정노트

악필 손글씨 교정 노트

5쇄 발행   2025년 9월 25일

지은이   시사정보연구원
발행인   권윤삼
발행처   도서출판 산수야

등록번호   제1-1515호
주소   서울시 마포구 월드컵로 165-4
우편번호   03962
전화   02-332-9655
팩스   02-335-0674

ISBN 978-89-8097-433-7   13640

값은 뒤표지에 있습니다. 잘못된 책은 바꾸어 드립니다.

이 책의 모든 법적 권리는 도서출판 산수야에 있습니다.
저작권법에 의해 보호받는 저작물이므로
본사의 허락 없이 무단 전재, 복제, 전자출판 등을 금합니다.

이 도서의 국립중앙도서관 출판시도서목록(CIP)은
서지정보유통지원시스템 홈페이지(http://seoji.nl.go.kr)와
국가자료공동목록시스템(http://www.nl.go.kr/kolisnet)에서 이용하실 수 있습니다.
(CIP제어번호: CIP2018008996)

악필 손글씨 교정 노트

나의 현재 글씨체 진단부터 바른 글씨체로 나아가는 4주 완성 악필 교정노트

시사정보연구원 지음

시사패스
SISAPASS.COM

머리말

> 마음을 움직이는 글씨체로 악필 탈출,
> 어디서든 나만의 글씨체로 당당해지자

악필도 개성이다! 무작정 따라 쓰기는 그만!
자신의 글씨에 일정한 규칙이 있고
타인이 글자를 읽을 수 있다면 깔끔하게 정리된 서체로 발전시키자

자신의 글씨 때문에 고민을 했던 적이 있는 여러분들은 손글씨를 얼마나 자주 쓰세요? 스마트폰이나 컴퓨터, 태블릿 PC 등 전자기기들이 너무나 친숙하여 펜을 잡고 종이에 글을 쓸 일이 점점 줄어들고 있지는 않나요? 이런 현상들이 복합적으로 일어나 남이 알아보기 힘든 엉망인 글씨, 악필이 늘고 있습니다.

초등학생이 되면 학교에서 글씨 쓰기를 배웁니다. 교과과정이지요. 하지만 우리의 현실은 유치원에 다니면서, 아니면 더 이른 나이에 연필을 잡고 한글을 공부합니다. 이렇게 삐뚤빼뚤한 글씨체에 익숙해져 자신도 모르는 사이에 악필로 자리 잡는 경우가 있습니다. 새로운 것을 배운다는 기쁨보다는 빨리 해치워야 하는 일로 여기는 경향이 많기 때문이지요. 여러분도 자신의 상황을 생각해 보세요. 어떤 이유에서 악필이 되었는지 말이에요.

자신이 악필이라고 생각하는 사람들을 대상으로 '글씨 교정의 필요성'을 조사한 결과에 의하면 '글씨는 그 사람의 이미지를 결정하고 대변하기 때문에' '논술이나 에세이 시험을 볼 때 글씨 때문에 감점을 당할 것 같아서' '공공기관에서 문서를 작성할 때 내보이기 부끄러워서' '손글씨로 자기소개서를 작성할 때 불이익을 당할 것 같아서' 등등 실제로 불편함을 느끼기 때문이라고 합니다. 또한 '경쟁력을 키우기 위해' '나를 돋보이게 하려고' '실제로 금전적/사회적 손해를 본 경험이 있어서' 등의 이유로 글씨를 교정하고 싶어 합니다.

그렇다면 악필은 어떻게 교정하는 것이 좋은 방법일까요? 대부분의 사람들은 악필을 교정하고 싶어서 글씨 교본을 사다놓고 무작정 따라 쓰기를 합니다. 하지만 '글씨 따라 쓰기'를 반복하여 악필을 교정하는 것은 근본적인 교정법이 아니라고 연구자들은 말합니다. 정성을 들이거나 신경을 쓰지 않으면 다시 악필로 돌아오기 때문이지요. 이렇게 나도 모르게 악순환이 반복되는 것입니다. 악필을 고치고 싶은데 마음처럼 되지 않고 힘들어 하는 분들을 위해 시사패스에서는 체계적인 글씨 교정을 할 수 있는 책을 내놓게 되었습니다.

지피지기면 백전불태라 합니다. 바른 글씨, 예쁜 글씨를 쓰기 위해서는 현재 자신의 글씨를 파악하는 것이 중요합니다. 글씨 쓰기를 시작하기 전에 시 한 편을 감상하면서 따라 써보세요. 크게 악필의 유형은 아래 글자 기준선이 맞지 않거나, 초성의 자음 높이가 들쭉날쭉하거나, 끝을 흐리게 쓰거나, 글자가 끊어지거나, 글자마다 자음과 모음의 크기가 다르거나, 흘려쓰는 것 등입니다. 자신이 어디에 해당하는지 확인한 후에 중점적으로 손글씨 교정을 연습합니다. 그리고 이 책을 학습한 후에 똑같은 내용의 글을 써보면서 변화된 자신의 글씨체를 직접 확인해 보세요.

다른 사람의 글씨와 비교해서 '내 글씨는 엉망이고 이상해'라고 자책하기보다는 자신의 글씨에서 매력을 찾아서 발전시키는 것이 악필 교정에 도움이 됩니다. 이 책의 구성요소들을 활용하여 꾸준히 연습하고, 노력한다면 글씨는 노력한 만큼 결실로 나타나게 되어 있습니다. 꾸준히 연습해서 어디에서든 당당하게 내놓을 수 있는 나만의 글씨체를 만들기 바랍니다.

차례

머리말 _ 04

악필 손글씨 교정노트 100% 활용법 _ 07

글씨체를 교정하려면 현재 자신의 글씨체를 확인하는 게 중요해요! _ 08
악필 교정을 하기 전 나의 글씨

1장 _ 악필 교정을 위한 글씨 쓰기 준비 _ 11
    선 긋기 연습, 자음과 모음 쓰기, 숫자와 영어 쓰기, 문장 부호 쓰기

2장 _ 악필 교정을 위한 한글 제대로 알기 - 위치에 따른 한글 특징 파악하기 _ 27

3장 _ 악필 교정을 위한 한글 특징 연습하기 _ 37

4장 _ 악필 교정을 위한 한글 쓰기 _ 43

5장 _ 악필 교정을 위한 글자 모양 바르게 쓰기 _ 49

6장 _ 명언을 쓰면서 악필 교정하기 _ 65

7장 _ 계절별 손편지 첫 문장 쓰기 _ 73

8장 _ 짧은 글 깊은 울림으로 악필 교정하기 _ 87

악필 교정을 한 후 나의 글씨 _ 95

악필 손글씨 교정노트 100% 활용법
악필 손글씨 교정 한글 쓰기 이렇게 활용하세요

1. **문장 끝까지 적기 – 예쁘게 쓰지 못한 글처럼 보여도 끝까지 완성하기**
   글씨가 예쁘게 쓰이지 않는다는 마음에 포기하고 안 쓰게 되면 성장하지 않습니다. 아무리 짧은 문장이나 단어들도 반드시 완성하는 습관을 들이는 게 중요합니다.

2. **자신만의 규칙 정하기 – 포인트가 될 만한 글자를 자신만의 규칙을 정해서 쓰기**
   포인트가 될 만한 글자를 자신만의 규칙을 정해서 꾸준히 연습합니다. 예를 들어 'ㄹ'은 어떻게 적을 것인지, 'ㅇ'은 포인트를 어디에 둘 것인지 미리 정하여 연습합니다. 이 연습을 바탕으로 글씨를 쓰면 안정된 자신만의 글씨체를 갖는데 도움이 됩니다.

3. **남의 글씨를 그대로 모방하지 말기**
   – 개성이 살아 숨 쉬는 자신만의 특색이 담긴 글씨체
   손글씨를 예쁘게 쓰는 사람은 많습니다. 하지만 우리는 자신만의 예쁜 글씨체를 갖고 싶다는 목표가 있습니다. 이 사실을 잊으면 안 됩니다. 개성이 살아 숨 쉬는 자신만의 특색이 담긴 글씨체를 만들어간다는 마음으로 연습하는 게 좋습니다.

4. **짧은 문장 적기 – 짧은 문장으로 글자 사이의 간격이나 자음과 모음의 간격 익히기**
   손글씨를 처음 연습할 때는 짧은 단어나 문장을 반복하는 게 좋습니다. 짧은 단어나 문장을 연습하다보면 글자 사이의 간격이나 자음과 모음의 간격을 익히게 됩니다. 자연스럽게 글자의 구성과 어울림을 공부하게 되는데 두 줄로 된 글은 행간과 전체적인 느낌 등에도 신경을 써야 하기 때문에 가능하면 짧은 문장으로 연습하는 게 좋습니다.

★ 글씨체를 교정하려면 현재 자신의 글씨체를 확인하는 게 중요해요!

악필 교정을 하기 전 나의 글씨

글씨를 교정하고 싶다면 먼저 자신의 현재 글씨체를 확인하는 게 좋습니다. 지피지기면 백전불태! 그렇습니다. 자신을 알아야 승리할 수 있습니다. 글자 크기, 받침의 위치, 자음과 모음의 조화 등을 살펴서 자신의 문제점을 파악하는 게 중요합니다. 문제점이 파악되었다면 그 부분을 중점에 두고 연습하는 것이 악필 탈출의 지름길입니다. 처음 적은 글은 이 책을 끝낸 후에 다시 적도록 편집해 두었으니 성장한 자신만의 글씨체를 직접 체험할 수 있습니다.

초혼

김소월

산산이 부서진 이름이여!

허공 중에 헤어진 이름이여!

불러도 주인 없는 이름이여!

부르다가 내가 죽을 이름이여!

심중에 남아 있는 말 한 마디는

끝끝내 마저 하지 못하였구나.

사랑하던 그 사람이여!

사랑하던 그 사람이여!

붉은 해는 서산 마루에 걸리었다.

사슴의 무리도 슬피 운다.

떨어져 나가 앉은 산 위에

나는 그대의 이름을 부르노라.

설움에 겹도록 부르노라.

설움에 겹도록 부르노라.

부르는 소리는 비껴가지만

하늘과 땅 사이가 너무 넓구나.

선 채로 이 자리에 돌이 되어도

부르다가 내가 죽을 이름이여!

사랑하던 그 사람이여!

사랑하던 그 사람이여!

이 세상에서 가장 행복한 사람은
단 한 사람에게라도 사랑을 받는 사람이다.

이 세상에서 가장 아름다운 사람은
마음씨가 따뜻한 사람이다.

이 세상에서 가장 부유한 사람은
가슴이 넉넉한 사람이다.

이 세상에서 가장 착한 사람은
남을 먼저 생각하는 사람이다.

이 세상에서 가장 용기 있는 사람은
용서할 줄 아는 사람이다.

1장
악필 교정을 위한 글씨 쓰기 준비

글씨 쓰기 준비자세

* 모든 활동에는 준비자세가 있습니다

글씨를 쓸 때도 운동을 시작할 때와 같이 준비자세가 필요합니다. 갑자기 운동을 하면 근육이 뭉치거나 긴장하여 다치기 쉬운 것과 같이 글씨를 쓸 때도 바른 자세로 앉아서 필기구를 바르게 잡는 게 중요합니다.

악필에는 여러 가지 원인이 있습니다. 악필을 교정하는 첫 단계는 자신의 자세를 살펴보는 것입니다. 자세가 바르지 않으면 내가 바라는 나만의 예쁜 글씨체를 갖는데 한계가 있습니다. 올바른 자세는 바르고 예쁜 글씨의 시작이니 꼭 명심하기 바랍니다.

* 글씨를 잘 쓰려면 올바른 필기구 잡는 법을 알아야 해요

악필을 교정하고 바르고 예쁜 자신만의 글씨를 쓰기 위해서는 연필이나 펜 등 필기구를 올바르게 잡는 방법을 알아야 합니다. 필기구는 너무 멀리 잡거나 너무 가깝게 잡아도 안 되며, 손에 힘을 너무 많이 주어도 안 됩니다. 또한 지나치게 곧게 세우거나 엄지와 중지 사이에 깊숙하게 잡아서도 안 됩니다. 당연히 네 손가락으로 공을 움켜쥐듯 꽉 잡는 것도 안 되겠죠?

그렇다면 필기구를 잡는 올바른 방법은 무엇일까요? 필기구는 편안한 자세에서 팔을 공책 위에 자연스럽게 올려서 가운데 손가락으로 받치고 엄지와 검지로 적당히 힘을 줘서 잡는 게 가장 올바른 방법입니다. 지면에 손목을 굳게 붙이면 손가락 끝만으로 쓰게 되므로 손가락 끝이나 손목에 의지하지 말고 팔로 쓰는 듯한 느낌으로 글을 쓰는 게 좋습니다. 공책과 눈 사이의 거리는 30cm정도 되도록 유지하는 것이 적당합니다. 이 거리를 쉽게 확인하는 방법은 책상과 의자를 편안한 높이로 맞춰서 글씨 쓰는 자세를 한 후에 얼굴과 종이 사이에 30cm자를 넣어보면 대략 그 정도의 거리가 됩니다.

글씨를 쓸 때 무엇보다 자세가 중요한 이유는 글씨체를 좌우하는 요소 가운데 하나이기 때문입니다. 필기구를 너무 가까이 잡으면 내가 쓰는 글씨가 손에 가려서 보이지 않기 때

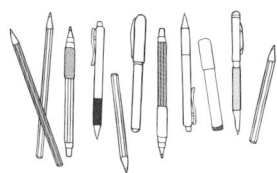

문에 글씨를 보면서 쓸 수가 없고, 또 힘이 너무 많이 들어가면 글씨를 쓰다가 팔이 아파서 지쳐버리는 경우가 발생하기 때문입니다. 그렇다고 필기구를 너무 멀리 잡으면 손에 힘이 들어가지 않아서 글씨를 흘려 쓸 수밖에 없게 됩니다. 혹시 지금 필기구를 잡는 자세가 바르지 않다면 얼른 고치도록 합니다.

✻ 바른 자세를 익혔다면 선 긋기 연습을 시작합니다

선을 긋는 것은 글자를 쓰기 위한 기초로 손과 손가락의 힘을 조절하고 직선과 사선과 곡선 등의 특징을 익힐 수 있습니다. 이런 과정들은 자신만의 근육운동으로 근육에 저장되고 뇌에도 저장됩니다. 왼쪽에서 오른쪽, 위에서 아래, 오른쪽 위에서 왼쪽 아래로 사선 긋기, 둥글게 그리기, 세모, 네모 등 다양한 모양으로 연습해 보세요.

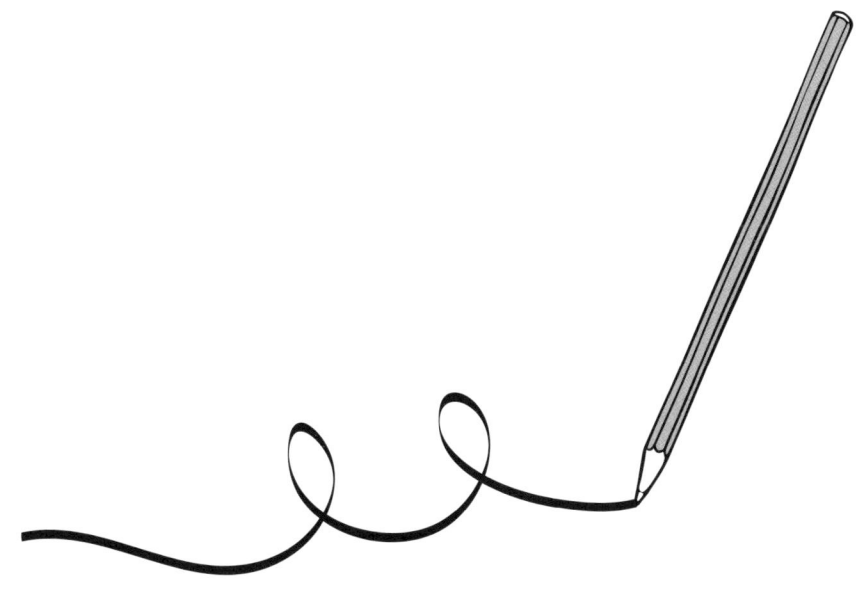

선 긋기 연습

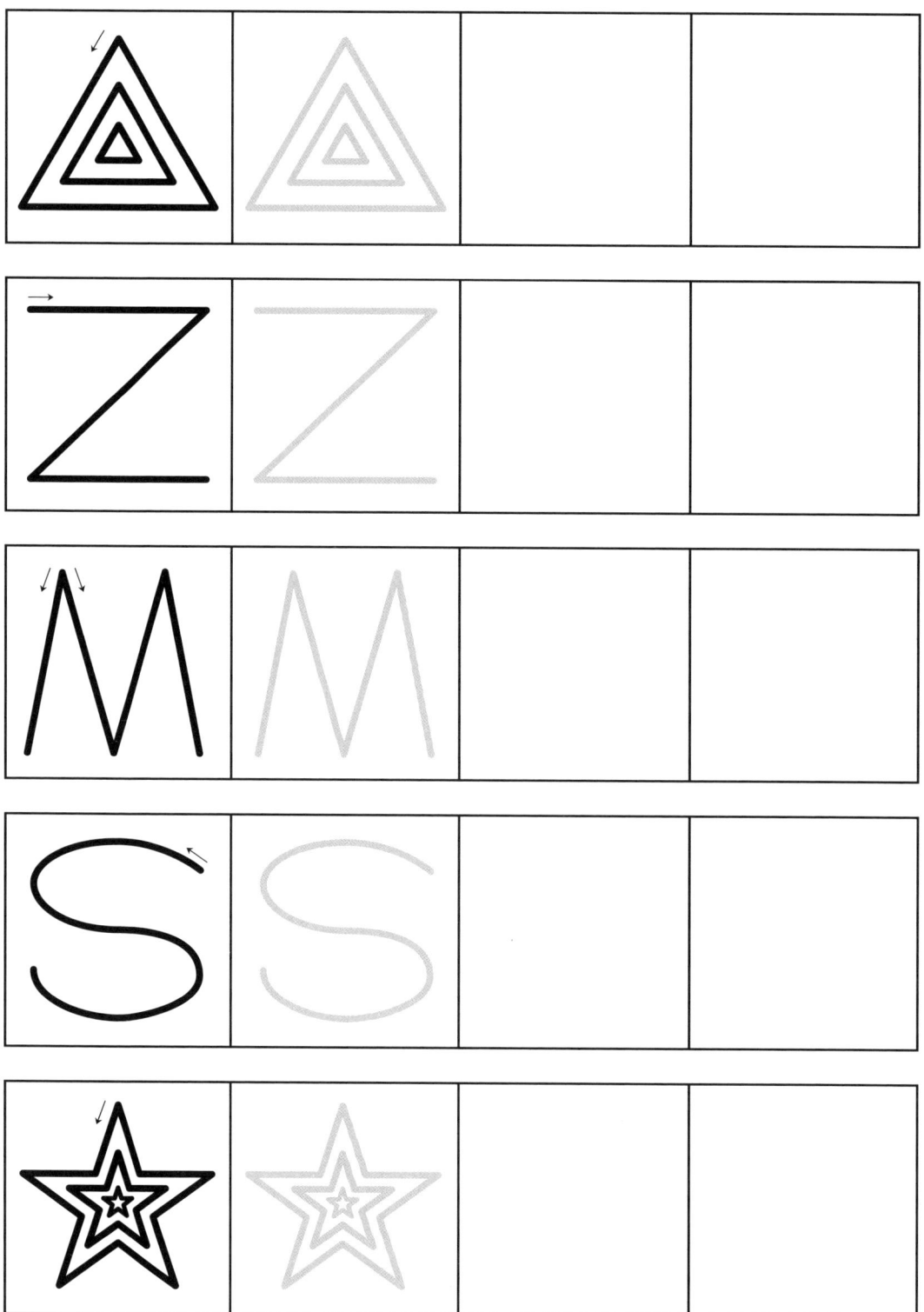

한글 자음과 모음 쓰기

한글은 자음과 모음으로 이루어져 있습니다. 쓰는 순서에 따라 또박또박 정성들여 써보세요. 악필을 교정하고 예쁜 글씨를 쓰려면 순서에 맞게 써야 한다는 것을 잊지 마세요.

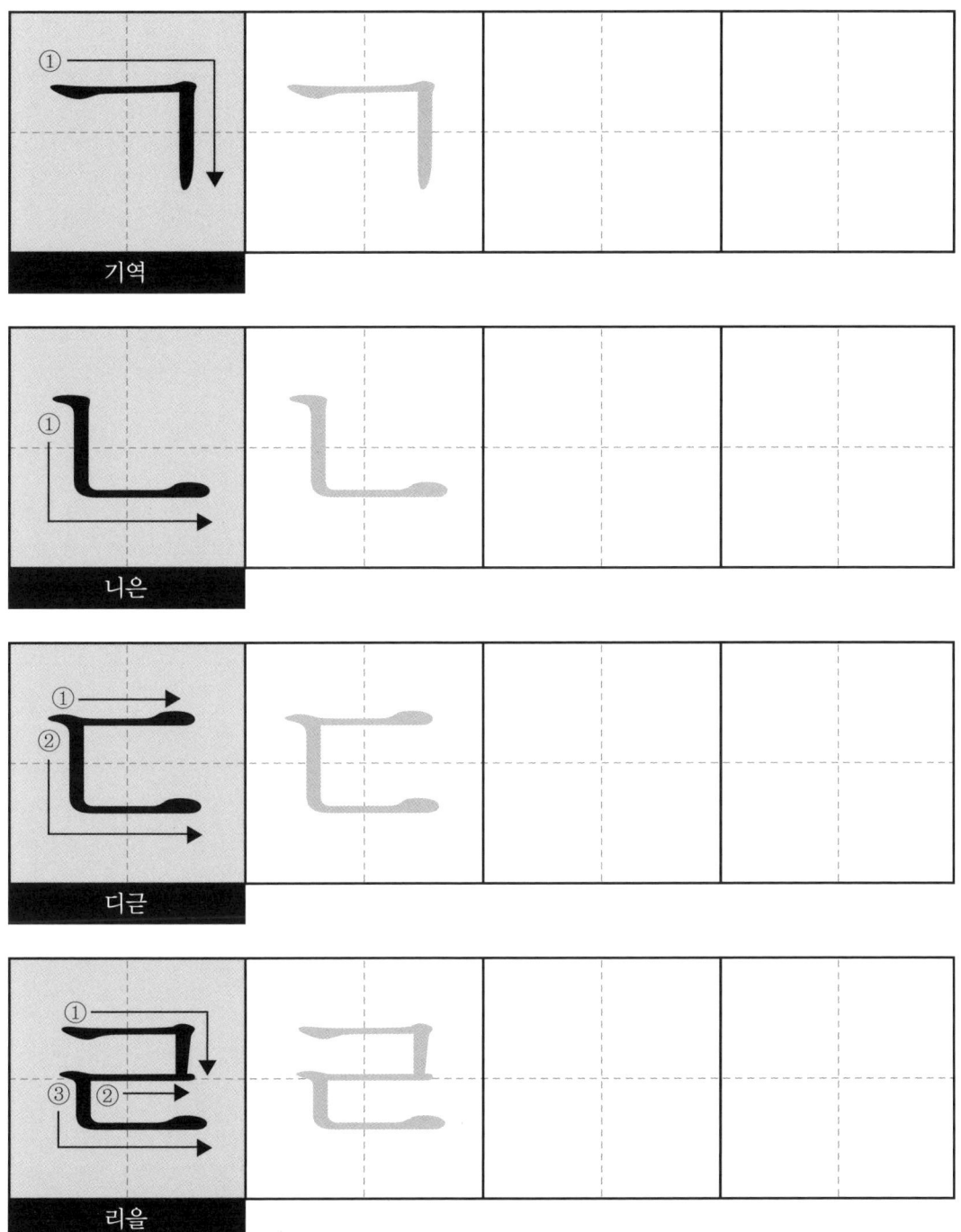

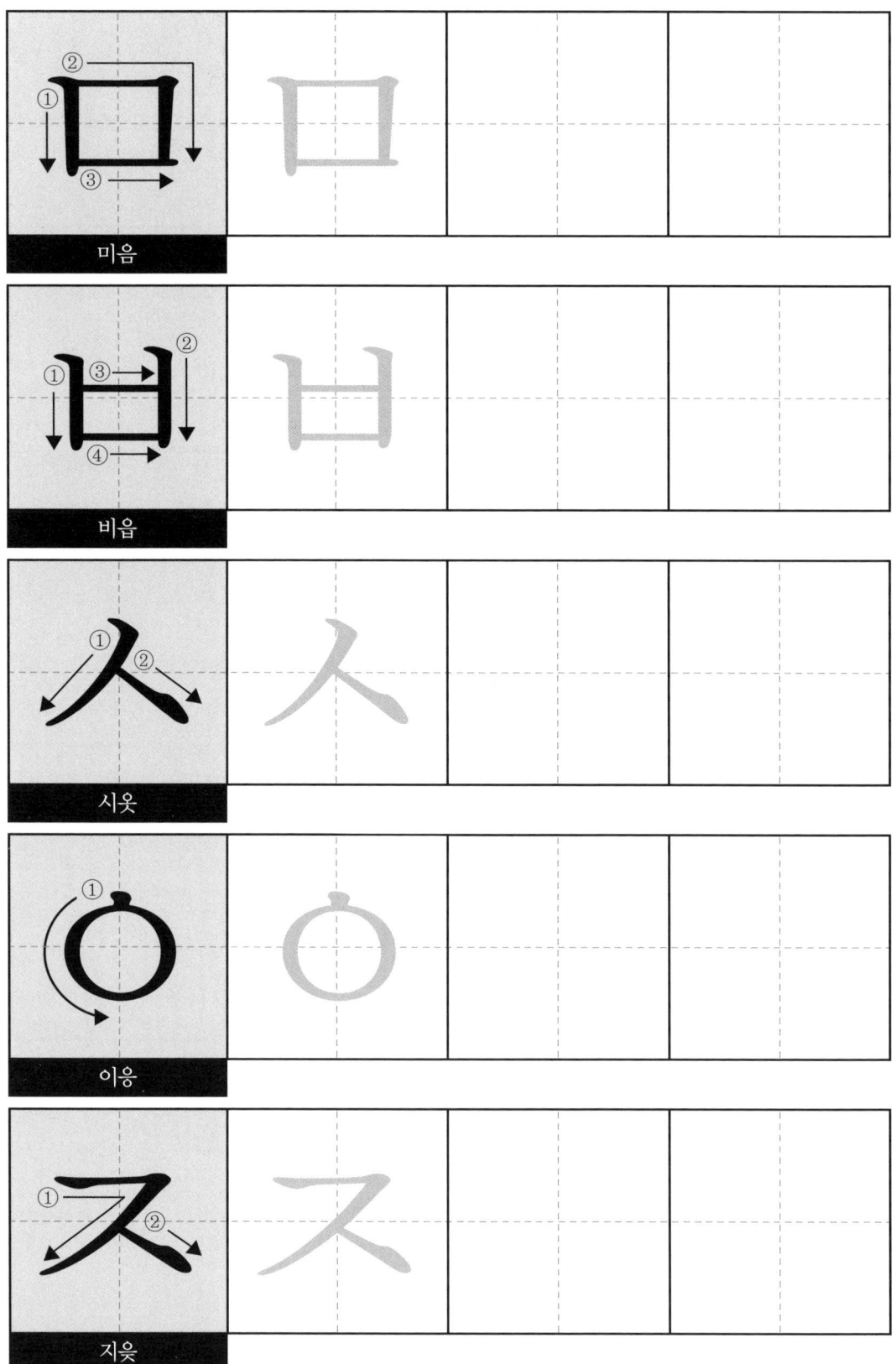

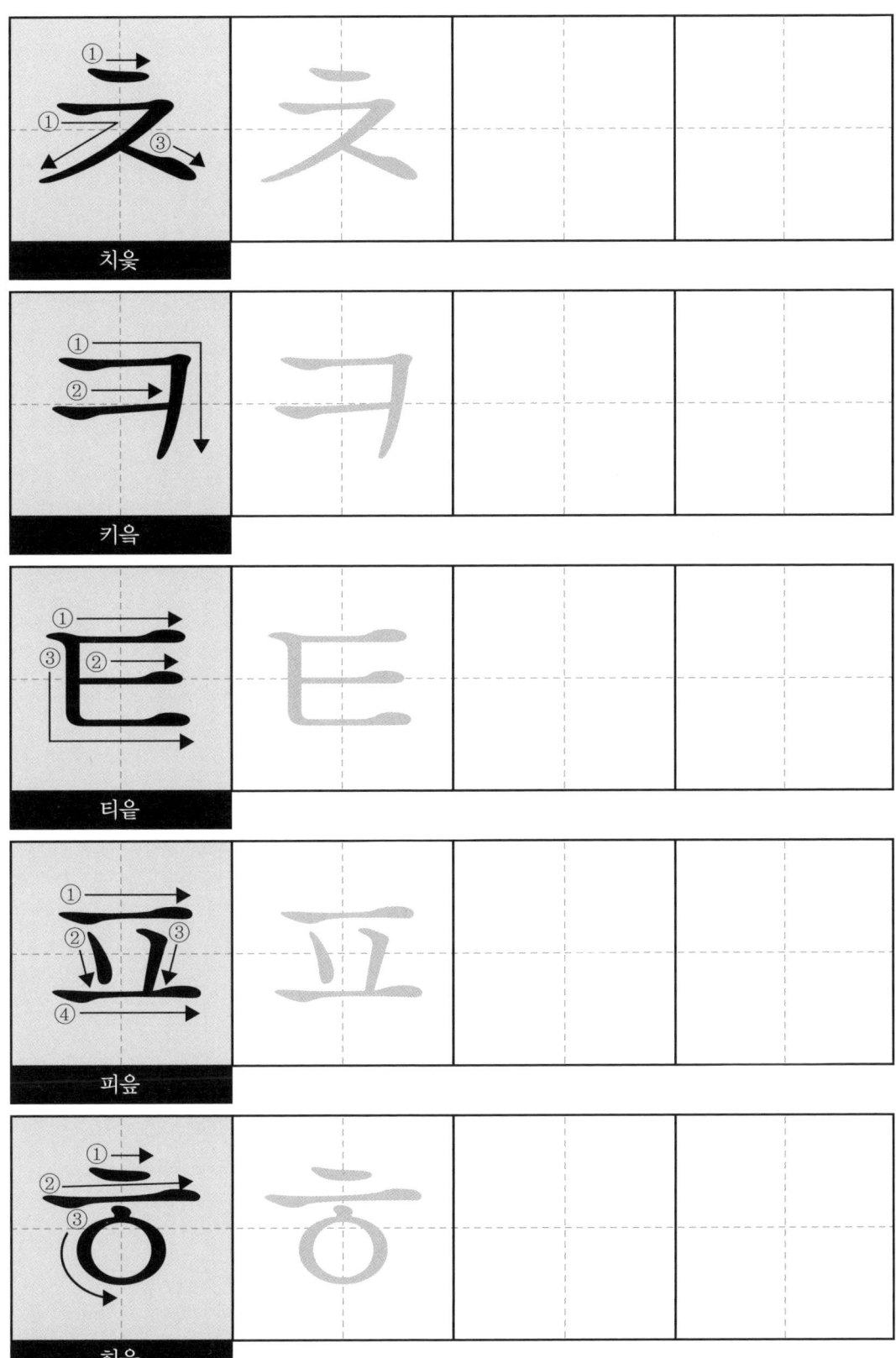

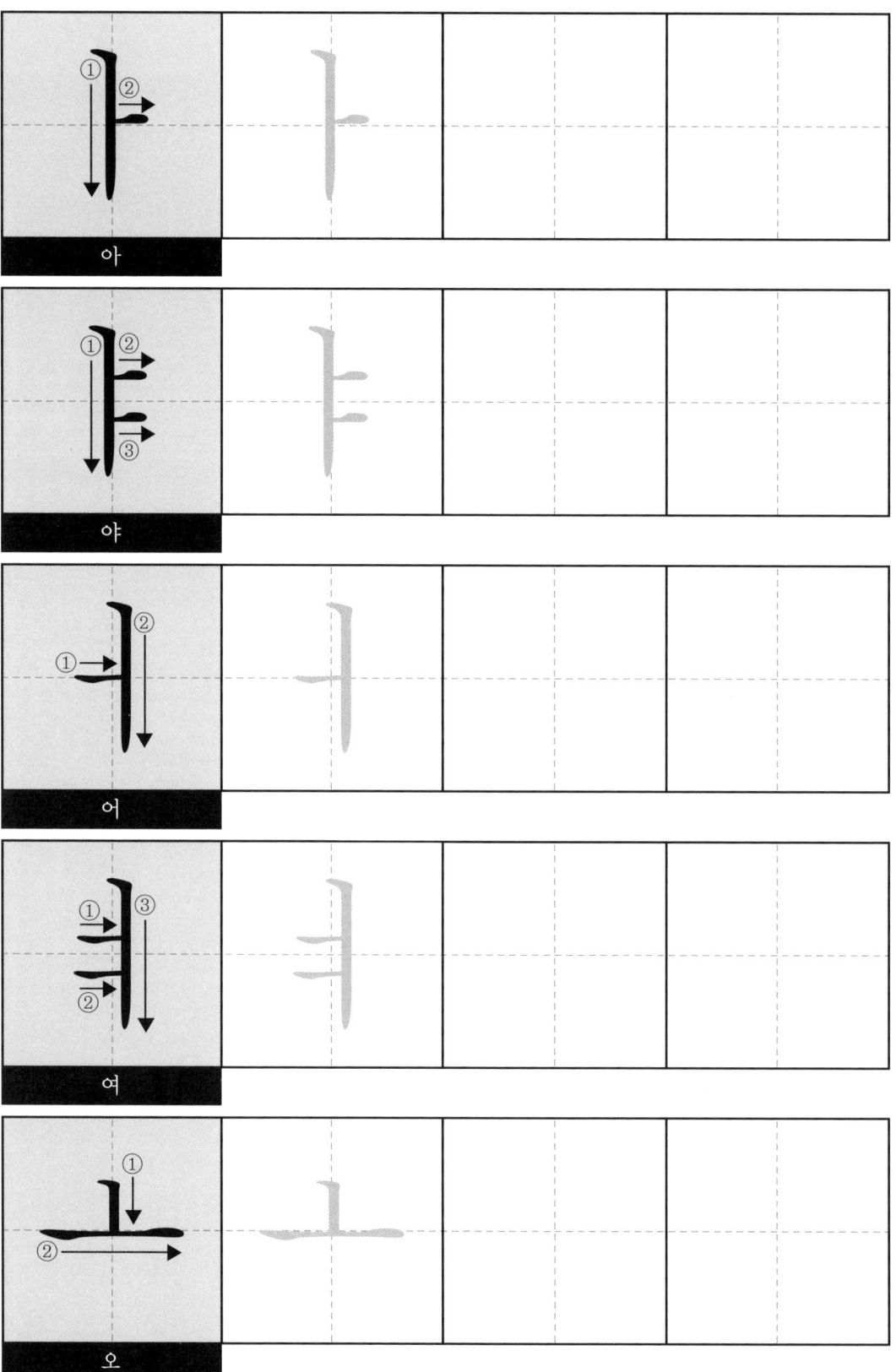

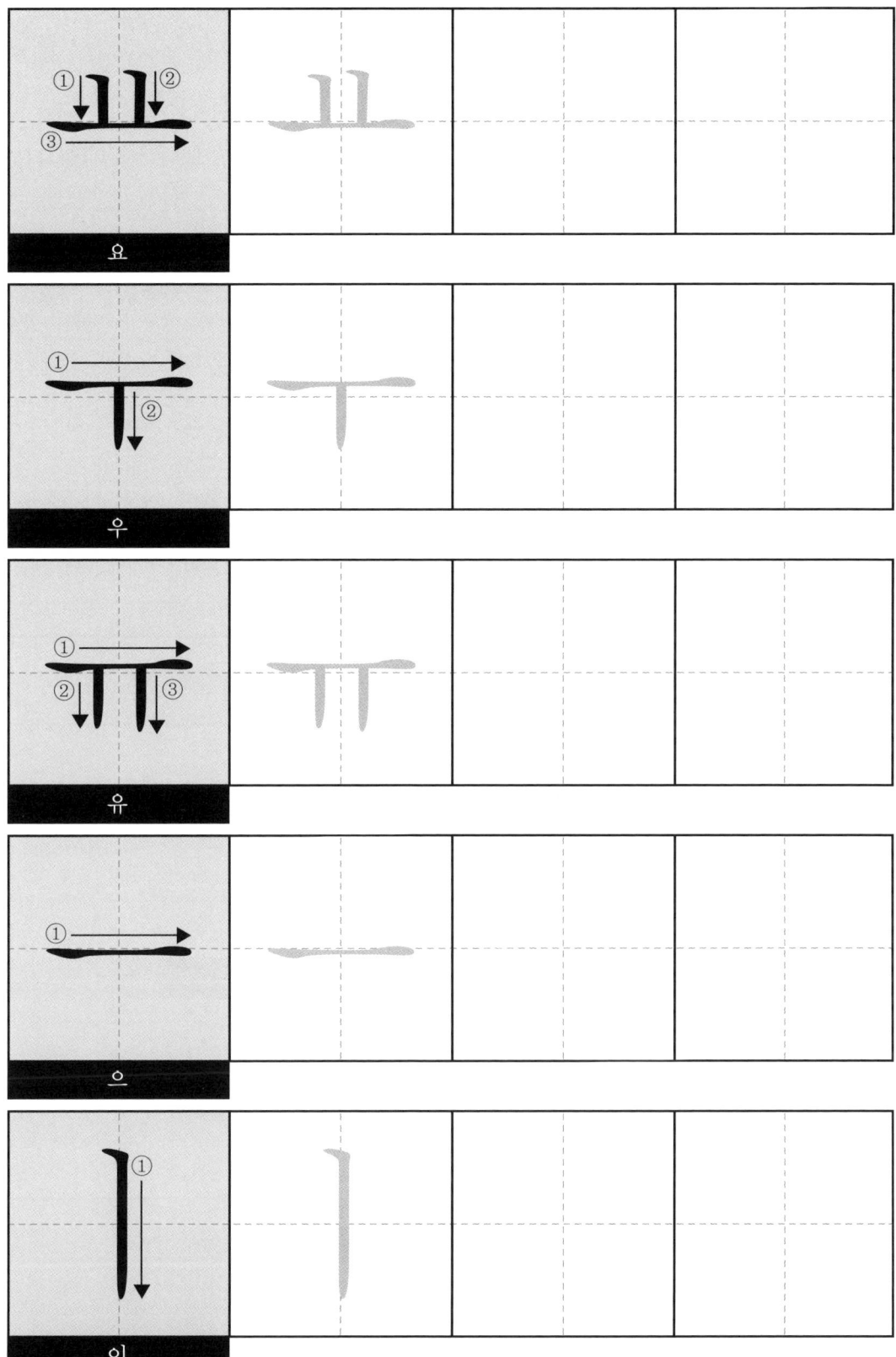

숫자 쓰기

숫자 쓰기도 글씨 쓰기에서 빼놓을 수 없는 부분입니다. 숫자는 금액을 표기하거나 전화번호 등을 표기할 때 쓰이기 때문에 정확하게, 그리고 남이 알아볼 수 있도록 정확하게 쓰는 게 중요합니다.

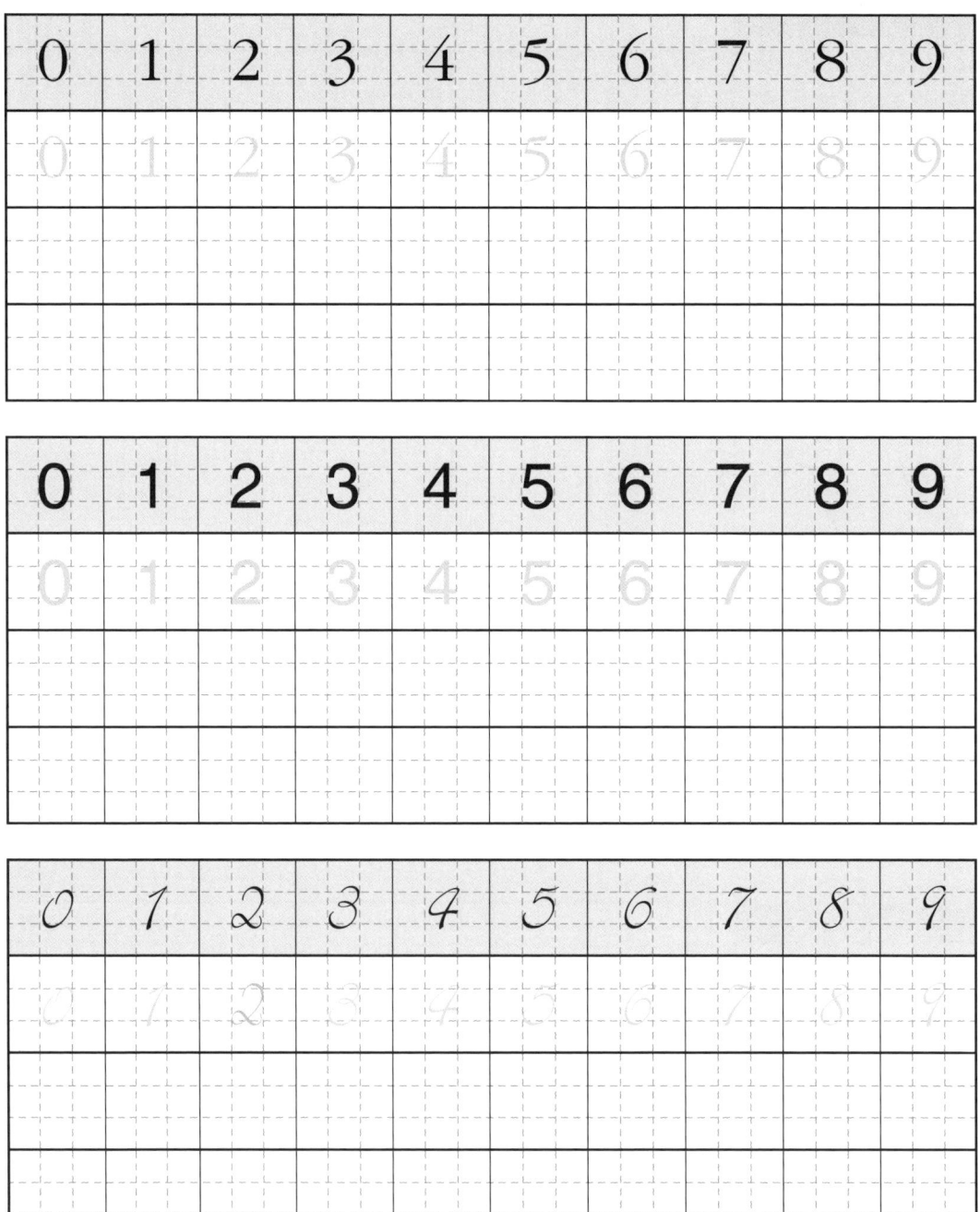

영어 쓰기

세계 공용어라 불리는 영어는 26자입니다. 한글과 다른 점이 무엇인지 글자를 쓰면서 파악해 봅니다.

A	B	C	D	E	F	G	H	I	J	K	L	M
N	O	P	Q	R	S	T	U	V	W	X	Y	Z

a	b	c	d	e	f	g	h	i	j	k	l	m
n	o	p	q	r	s	t	u	v	w	x	y	z

문장 부호 쓰기

글은 문장 부호로 마무리됩니다. 글을 쓰려면 문장 부호도 같이 학습해야 완전한 문장을 표현할 수가 있습니다. 특히 문장 부호의 위치나 글씨에 어울리는 크기 등에 유의하면서 연습하세요.

마침표
서술·명령·청유 따위를 나타내는 문장의 끝에 쓰거나, 아라비아 숫자로 특정한 의미가 있는 날을 표시할 때, 장, 절, 항 등을 표시하는 문자나 숫자 다음에 씁니다. 좌측 하단에 동그란 원의 형태로 점을 찍습니다.

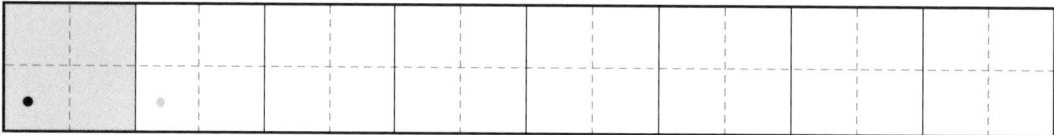

물음표
의문문이나 의문을 나타내는 어구의 끝에 쓰거나, 특정한 어구의 내용에 대하여 의심, 빈정거림을 표시할 때, 적절한 말을 쓰기 어려울 때, 모르거나 불확실한 내용임을 나타낼 때에 씁니다. 정중앙에 귀 모양으로 그리고 점을 찍는다고 생각하고 씁니다.

느낌표
감탄문이나 감탄사의 끝에 쓰거나, 어구, 평서문, 명령문, 청유문에 특별히 강한 느낌을 나타낼 때, 물음의 말로 놀람이나 항의의 뜻을 나타낼 때, 감정을 넣어 대답하거나 다른 사람을 부를 때 씁니다. 정중앙에 선을 긋고 점을 찍는다고 생각하고 씁니다.

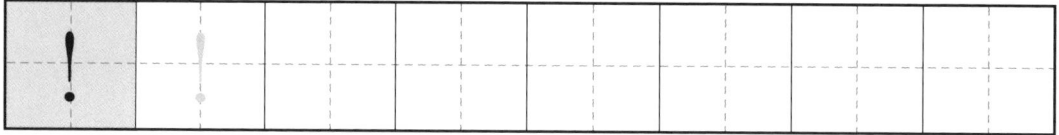

쉼표
같은 자격의 어구를 연결할 때 쓰거나, 짝을 지어 구별할 때, 이웃하는 수를 개략적으로 나타낼 때, 열거의 순서를 나타낼 때 등에 사용됩니다. 좌측 하단에 마침표 형태에서 우측에서 좌측으로 선을 살짝 그려줍니다.

작은따옴표

인용한 말 안에 있는 인용한 말을 나타낼 때 쓰거나 마음속으로 한 말을 적을 때 씁니다. 쉼표를 쓸 때와 같은 방법으로 쓰지만 좌측 위와 우측 위에 그려줍니다.

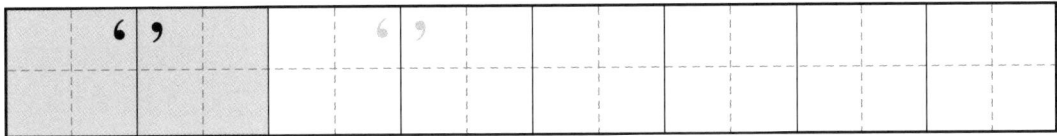

큰따옴표

글 가운데서 직접 대화를 표시하거나 남의 말이나 글을 직접 인용할 때에 씁니다. 쉼표를 두 개 겹쳐서 그려줍니다.

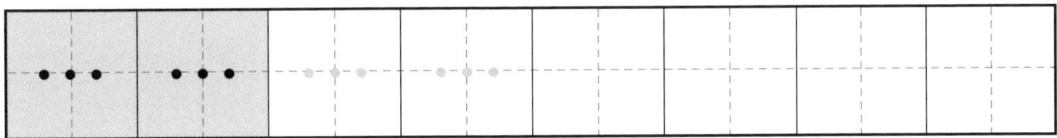

줄임표

할 말을 줄였을 때나 말이 없음을 나타낼 때에 쓰거나 문장이나 글의 일부를 생략할 때, 머뭇거림을 보일 때 씁니다. 말없음표·말줄임표·생략부·생략표라고도 합니다. 한 칸에 점을 3개씩 넣으며, 가운데에 쓰는 게 좋습니다.

쌍점

이중점, 콜론이라고 합니다. 표제어 다음에 해당 항목을 들거나 설명을 붙일 때 쓰거나, 희곡 따위에서 대화 내용을 제시할 때, 시(時)와 분(分), 장(章)과 절(節) 따위를 구별할 때, 의존 명사 대(對)가 쓰일 자리에 사용하며 앞말에 붙이고 뒷말과 띄어 씁니다. 정중앙에 두 점의 크기가 같게 씁니다.

문장 부호 쓰기 활용

"지영아, 간식 맛있게 먹었니?"

"네. 맛있게 먹었어요."

"즐겁게 연습하니 내 마음도 기쁘구나!"

오늘은 글쓰기 연습이 없다고 해서……

친구가 '글씨 예쁘다'며 칭찬해 주었어.

2장
악필 교정을 위한 한글 제대로 알기

한글은 위치에 따라 크기나 모양이 달라요

한글은 자음 14개와 모음 10개로 구성되어 있고 초성, 중성, 종성으로 이루어져 있습니다. 예를 들어 '한'의 경우 'ㅎ'이 초성, 'ㅏ'가 중성, 'ㄴ'이 종성이 됩니다. 한글은 자음과 모음을 이용하여 무려 11,172개의 글자를 만들 수 있는 놀라운 문자입니다. 악필에서 벗어나려면 무엇보다 11,172개의 글자를 만들 수 있는 한글 구성을 파악하는 게 급선무입니다.

한글은 같은 자음이라도 초성으로 쓰일 때, 중성의 변화에 따라, 종성으로 쓰일 때 등 글자의 위치에 따라 모양이 바뀌기 때문이지요. 'ㄱ'의 경우 글자의 위치에 따라 자세히 관찰하면 모양이 다른 것을 확인할 수 있습니다. 예를 들어 초성을 비교해 보면 '가'에 있는 ㄱ은 각이 45도 정도 되고, '까'에 있는 ㄱ은 같은 모양에서 크기가 반으로 줄어들고, '고'에 있는 ㄱ은 거의 90도에 가까운 ㄱ입니다. 또 종성으로 들어가는 '각'은 완전 직각의 모양을 하고 있습니다. 이와 같이 자음이 어디에 위치하느냐에 따라서 모양이 바뀐다는 것을 알고 있어야 글씨 쓰는 것이 좀 더 쉬워집니다. 이게 한글을 잘 쓸 수 있는 원리입니다.

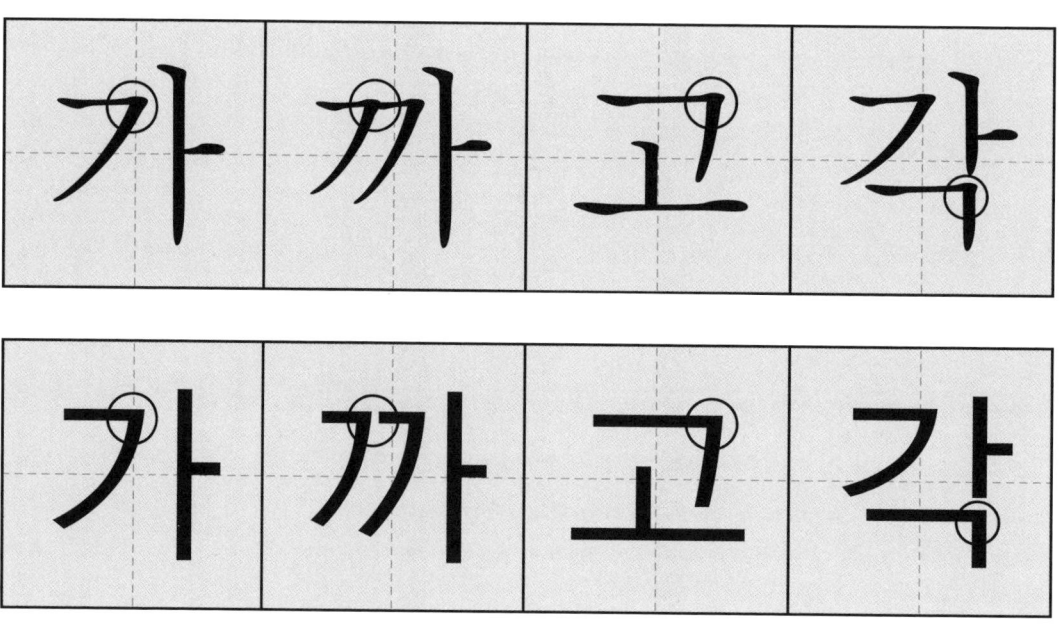

나는 필기구를 제대로 잡는데 왜 악필이지?

'나는 필기구를 제대로 잡는데 왜 악필이지?' '이젠 악필에서 벗어나겠어!' '나의 글씨를 고쳐야겠어!' 라고 마음먹었던 독자들은 글씨를 교정하는 책을 찾아 연습을 합니다. '열심히 노력해서 반드시 나만의 글씨체로 만들겠어!' 라는 굳은 결심으로 열심히 연습하지만 뜻대로 성과가 나오지 않는 경우가 많습니다. 그렇다면 '악필'을 교정하기 위해서는 어떤 방법이 필요할까요?

우리가 접하는 대부분의 손글씨 교정책들은 글씨의 획이나 이음 부분을 정확하게 짚어서 설명하지 않기 때문에 반복적으로 쓰는 것밖에 안 됩니다. 정자체로 된 한글을 처음 접하는 독자들은 따라 쓰는 것 자체가 어렵게 느껴지기 때문에 글씨를 '그리기' 수준에 급급하게 됩니다. 글씨를 쓴다기보다는 그리는 수준이기 때문에 급할 때는 본래 자신의 글씨로 돌아가게 되는 것이지요. 이러한 경험은 누구에게나 있을 겁니다. 급할 때 본래 자신의 글씨로 되돌아가는 악순환이 반복되면 결국에는 지쳐서 포기하게 됩니다.

그렇다면 어떻게 글씨를 교정해야 확실하게 효과를 볼 수 있을까요? 우리가 흔히 접하는 방법은 직사각형을 4등분하여 정자체로 쓰는 것입니다. 하지만 다양한 측면으로 연구한 결과에 의하면 악필을 교정하기 위해 실제로 필요한 방법은 처음부터 글자의 모양을 따져가며 정자체로 쓰기보다는 직사각형에 꽉 차도록 네모반듯하게 쓰는 방법입니다.

'견'에 있는 'ㄱ'을 보면 왼쪽은 각도가 약 45도 정도인데, 오른쪽은 반듯하게 90도로 쓰여져 있는 것을 확인할 수 있습니다. 고딕체처럼 반듯하게 글씨를 연습하는 것이 악필을 가장 손쉽게 그리고 빨리 탈출하는 방법입니다. 따라서 이 책에서는 먼저 네모반듯하게 글씨를 쓸 수 있도록 구성하였습니다.

 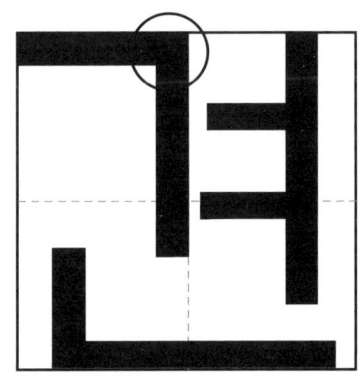

네모반듯한 글씨체로 연습하면 비교적 쉽고 빠르게 악필을 교정할 수 있습니다

우리가 흔히 말하는 '악필'을 보면 글자를 흘리듯이 쓰기 때문에 알아보기 힘든 경우가 많습니다. 이런 경향이 있는 사람은 네모반듯한 글씨체로 연습을 하면 흘리듯이 쓸 수가 없기 때문에 한 획 한 획 신경 써서 쓸 수밖에 없습니다. 이렇게 꾸준하게 연습하면 흘리듯이 쓰는 버릇을 고칠 수 있기 때문에 비교적 쉽고 빠르게 악필을 교정할 수 있습니다.

네모반듯하게 쓰는 글씨가 어느 정도 익숙해졌다는 생각이 들고 글씨 쓰는 속도가 늘었다면 이제 나만의 글씨체를 만들 단계가 된 것입니다. 네모반듯하게 쓰는 글씨가 익숙해졌다는 것은 글씨를 흘리듯이 쓰는 버릇이 어느 정도 고쳐졌다는 것을 의미하기 때문에 자음과 모음에 조금 더 신경을 쓰면 악필을 벗어날 수 있습니다.

글씨를 쓸 때는 초성, 중성, 종성이 모두 중요하지만 무엇보다 글자를 처음 시작하는 초성을 가장 중요하게 생각하고 글을 쓰는 게 좋습니다. 이는 초성이 글자의 중심역할을 하기 때문입니다. 다음으로 중요한 것이 종성입니다.

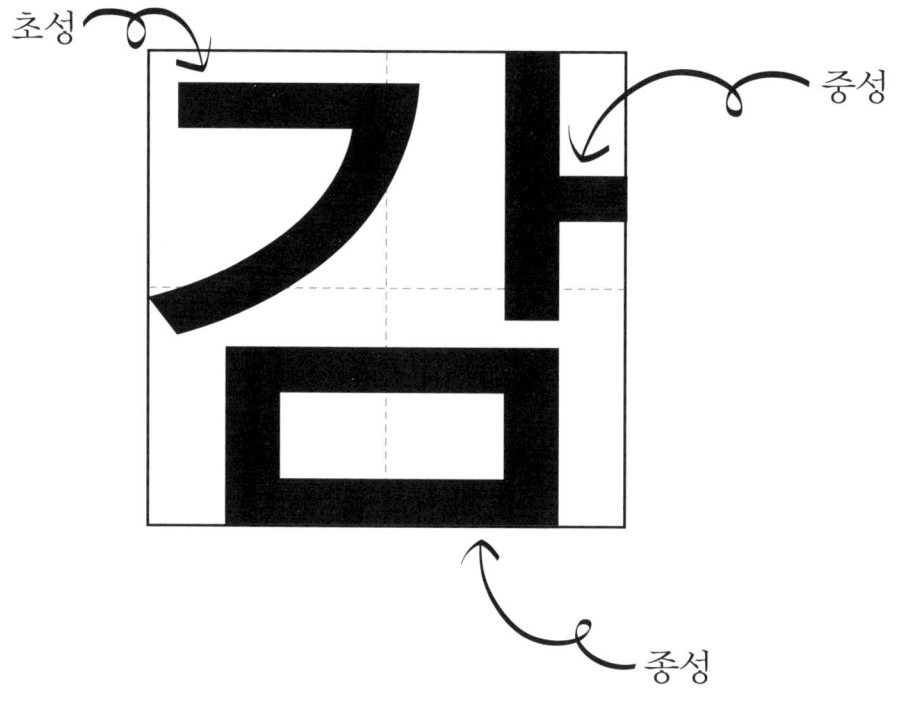

초성의 적당한 크기는 어떻게 될까

악필에서 벗어나기 위해 특별히 신경 써야 할 부분은 바로 '자음' 입니다. 자음은 주로 초성과 종성을 구성하고 모음은 중성을 구성합니다.

'감' 이라는 글자를 쓴다고 했을 때 초성인 'ㄱ' 이 너무 크거나 혹은 작거나, 종성인 'ㅁ' 이 너무 크거나 작으면 글자의 균형이 흐트러지게 됩니다. 여기서 반드시 생각하고 넘어가야 할 부분이 바로 '초성의 적당한 크기는 어떻게 될까' 입니다. '감' 처럼 모음이 옆에 오는 경우에는 초성의 가로길이가 중성의 약 1.5배 정도가 되도록 쓰면 됩니다. 예를 들어 'ㅏ'의 가로길이가 1cm라고 하면 'ㄱ'은 가로길이를 1.5cm로 쓰는 것이지요. 세로는 중성의 길이와 비슷하게 쓰면 됩니다.

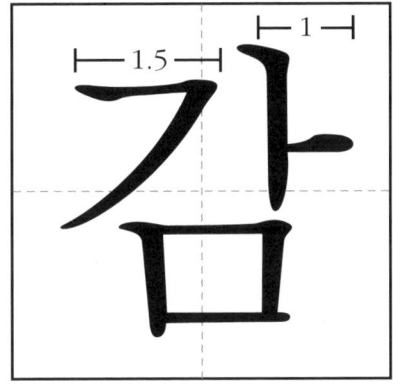

'논' 처럼 중성이 초성과 종성의 사이에 위치하는 글자를 쓸 때에는 초성과 종성의 넓이는 거의 비슷하게 하고, 가운데 중성만 양쪽으로 조금씩만 더 길게 쓰면 글씨에 균형감이 생겨서 예쁘게 보입니다.

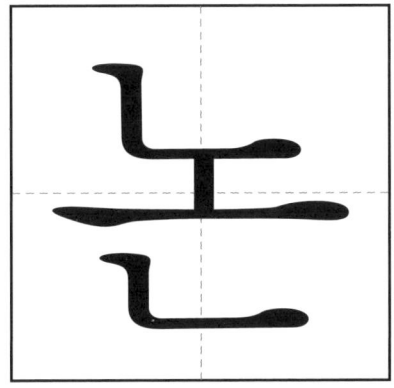

받침으로 사용된 자음을 흘려 쓰면
악필의 위험이 굉장히 높습니다

악필을 고민하는 사람들의 공통점으로 받침으로 쓰인 자음을 들 수 있습니다. 받침으로 사용된 자음을 흘려서 쓰면 악필이 될 위험이 굉장히 높습니다. 특히 가장 위험이 큰 자음으로는 'ㅁ, ㅂ, ㅎ' 등이 있으니 앞장에 미리 써보았던 자신의 글에서 확인해 보기 바랍니다. 먼저 'ㅁ'은 한 획으로 끝내버릴 경우 'ㅇ'으로 보일 위험이 크기 때문에 한 획에 'ㅁ'을 써버리는 방법은 좋지 않습니다. 만약 'ㅁ'을 흘려서 쓸 경우에는 '1'과 '2'모양의 획 하나, 즉 두 획으로 나눠서 쓰는 것이 안전합니다. 실제로 필기체나 펜흘림체에서도 'ㅁ'을 이렇게 쓰고 있습니다.

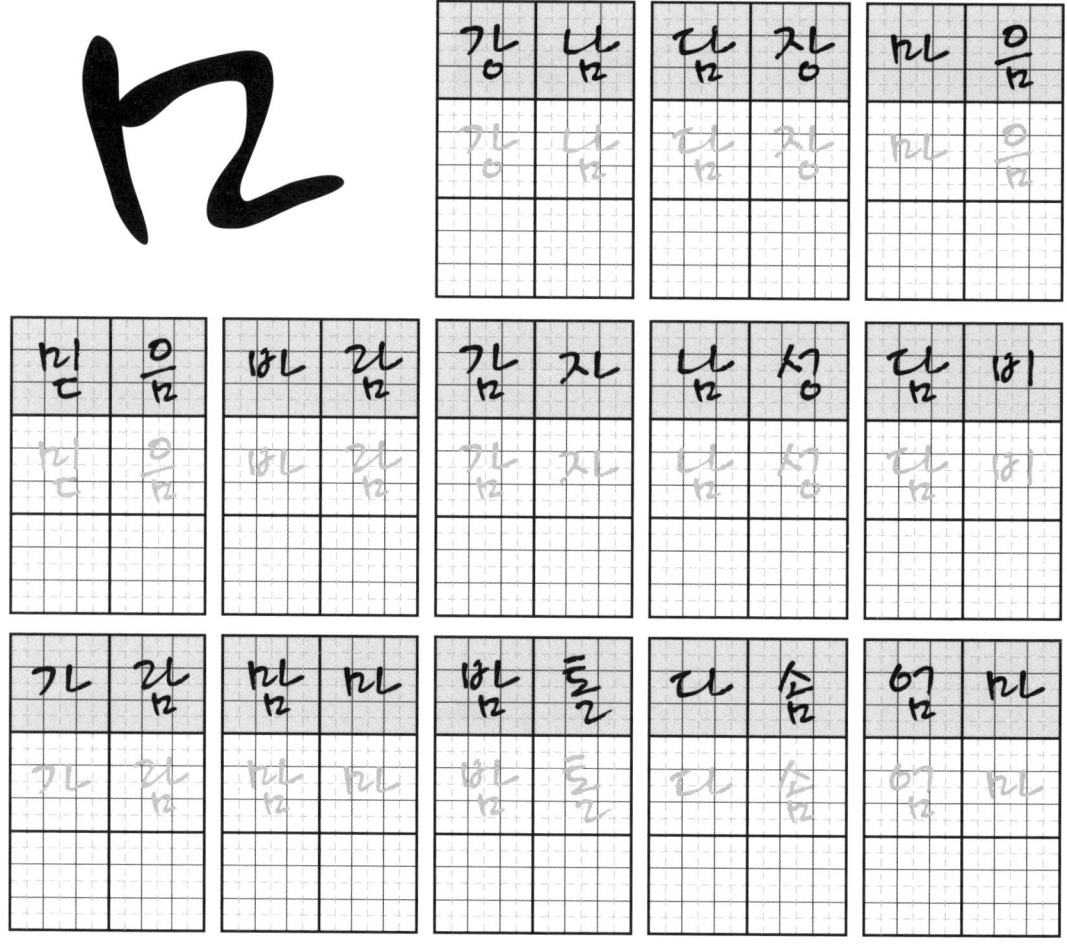

'ㅂ'은 'u'모양으로 한 획을 그은 다음에 ㅡ자로 가로질러서 ㅂ을 쓸 수도 있지만 이럴 경우에는 u모양이 너무 작아진다던가, ㅡ획의 위치가 어긋나면 알아보기 힘들다는 위험이 있습니다. 그래서 ㅂ은 'ㅣ'획을 먼저 쓰고, d모양으로 6을 거꾸로 쓰듯이 써주면 손쉽게 교정이 됩니다. 아래에 있는 예시 단어들로 연습해 보세요.

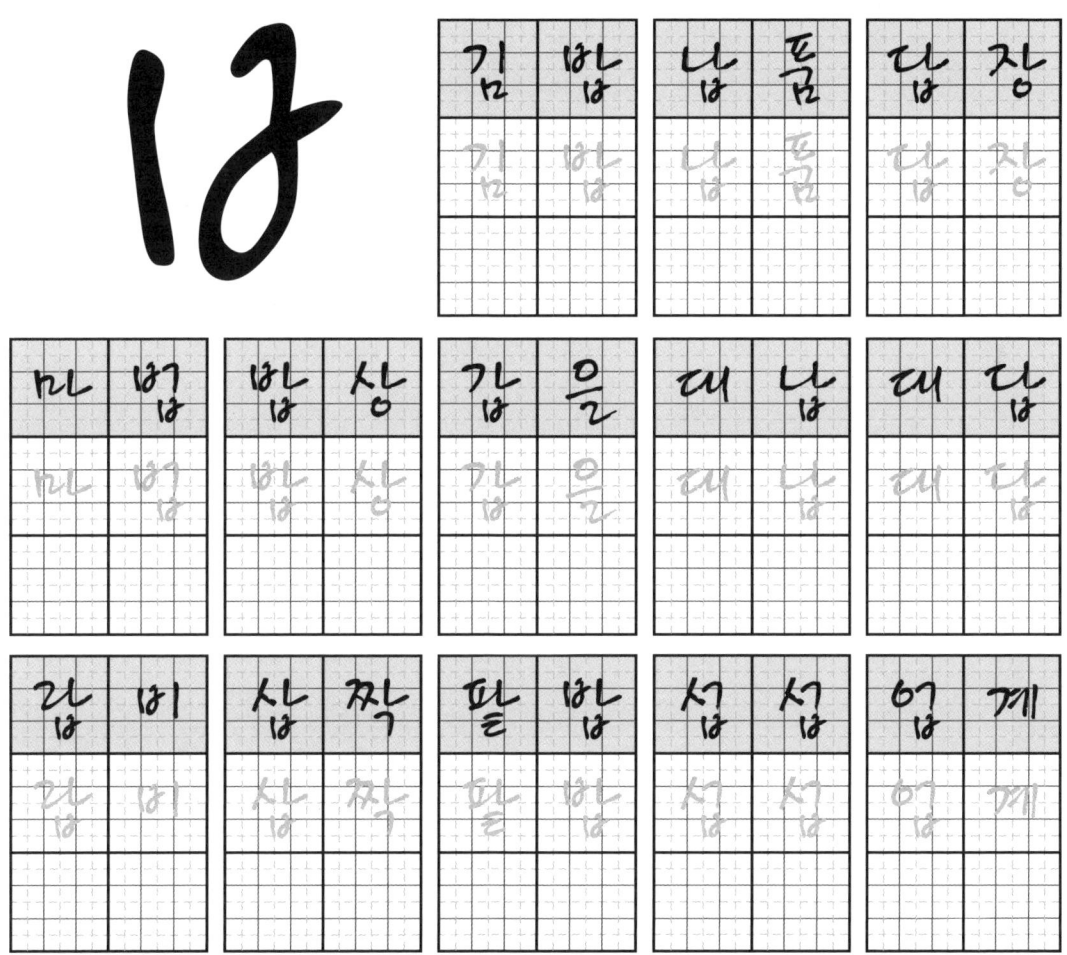

'ㅎ'은 쓰는 방법이 가장 다양한 자음 중 하나입니다. 여러 가지 방법으로 많이 쓰는데 보통은 글자를 날려서 쓰면 무슨 글자의 모양인지 모르는 일그러진 자음이 나오는 경우가 많습니다. 그래서 'ㅎ'을 한 획에 휘갈기는 모양으로 쓰려는 것은 좋지 않습니다. 'ㅎ'을 흘려 쓰면서도 가장 알아보기 쉽게 쓰는 방법은 제일 위에 있는 획을 세로로 쓴 후, 다음 획부터 하나로 연결해 쓰면 난해한 자음이 되는 것은 피할 수 있습니다. 세로로 획 하나를 그어두고 밑의 획과 'ㅇ'을 연달아서 쓰게 되면 흘려서 쓴 ㅎ도 누구나 알 수 있는 글자로 탄생하게 됩니다.

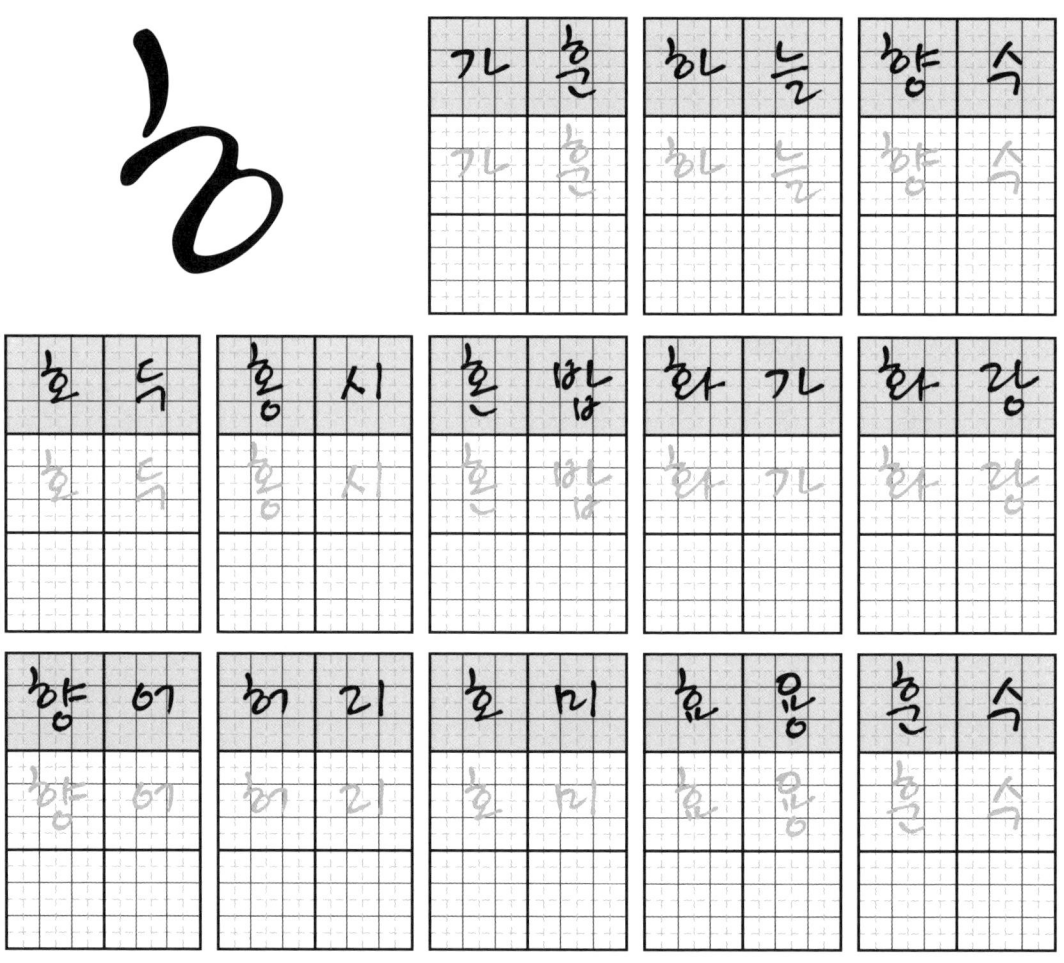

악필을 교정할 때 반드시 주의해야 하는 자음을 이해하고 어느 정도 기본기가 익숙해졌다면 이제는 응용할 차례입니다. 우리가 예쁜 글씨를 갖고 싶은 것은 나만의 글씨체로 나를 표현하고 싶다는 욕구 때문입니다. 무엇보다 악필 교정이 먼저이니 스스로의 글씨가 만족스럽다면 다음 단계로 넘어가도록 합니다.

꾸준한 연습으로 악필에서 탈출하자

악필이 어느 정도 나아졌다는 자신감에 안심하면 안 됩니다. 글씨체가 손과 몸에 익숙하여 어느 때, 어느 시간, 어떤 글, 어떤 상황이 되어도 변하지 않는 것이 중요합니다. 악필 교정의 핵심은 바로 '꾸준한 연습'에 있습니다. 꾸준한 연습으로는 메모하는 습관도 좋고, 일기를 쓰듯 하루를 정리하는 시간을 갖는 것도 좋습니다.

글씨는 많이 쓰면 쓸수록 예쁘게 써진다는 것은 누구나 알고 있습니다. 현대사회에서 글을 많이 쓰는 습관을 들이는 것이 쉬운 일은 아닙니다만, 글을 쓰는 습관을 가지면 손으로 글씨를 쓰면서 머리에 한 번 더 입력되기 때문에 해야 할 일이나 스케줄을 잊어버리지 않게 됩니다. 바로 일석이조의 효과를 보는 것이지요. 빈칸에 글자 연습을 해봅니다.

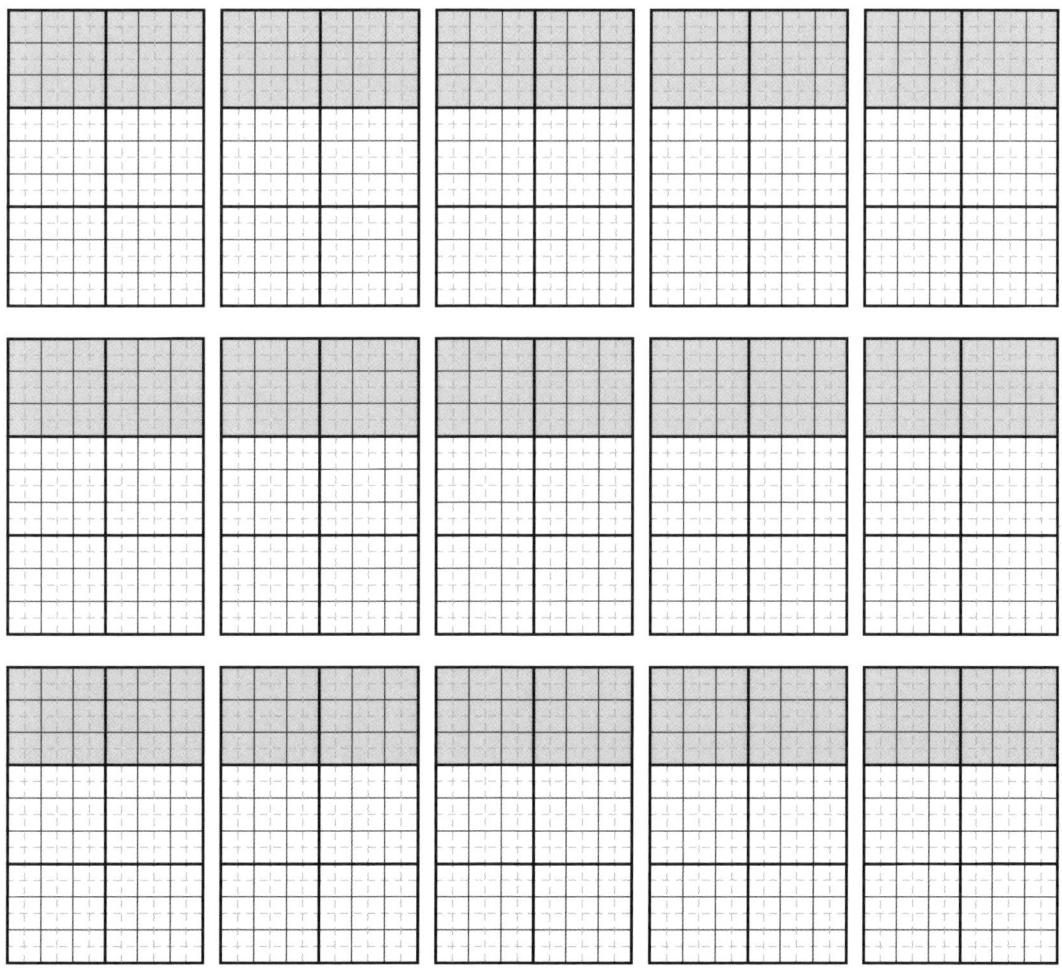

쉬어가기

용서는 단지 자기에게 상처를 준 사람을 받아들이는 것만이 아니라 미움과 원망의 마음에서 그를 놓아주는 일이다.

3장

악필 교정을 위한 한글 특징 연습하기

악필 교정을 위한 서체 특징별 글자 쓰기

글씨를 교정하는 확실한 방법을 다양한 측면으로 연구한 결과에 의하면 글자를 직사각형에 꽉 차도록 네모반듯하게 쓰는 것이 최고라고 합니다. 서체의 특징에 맞게 끝부분 획까지 힘을 고르게 주어 삐져나오거나 어긋나지 않도록 신경씁니다. 받침이 있는 글자와 없는 글자들을 기준선에 맞게 쓰면서 자음과 모음의 위치에 따른 크기와 변화들을 익힙니다.

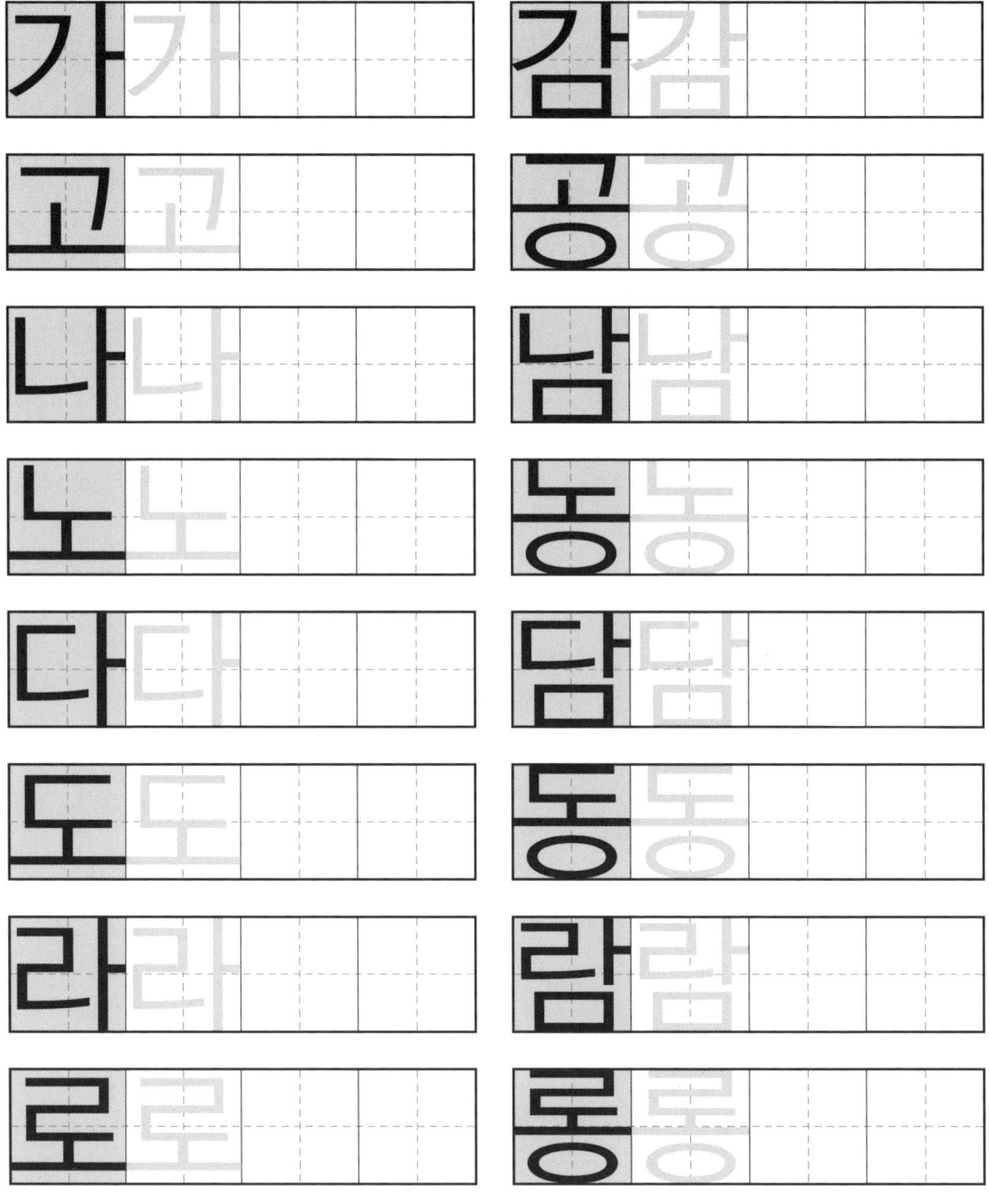

쉬어가기

사람들은 넘어지지 않고 달리는 사람보다 넘어졌다 일어나 다시 달리는 사람에게 더 많은 박수를 보낸다.

4장

악필 교정을 위한 한글 쓰기

자음과 모음으로 글자 쓰기

자음은 모음에 따라서, 그리고 위치에 따라서 그 형태가 조금씩 변합니다. 변하는 자음 모양에 유의하면서 쓰기 연습을 한다면 다양한 모양의 글자를 예쁘게 쓸 수 있습니다.

가	각	야	걀	거	경	겨	격	고	골

교	곤	구	궁	규	귤	그	극	기	길

나	낙	냐	냘	너	넝	녀	녁	노	농

뇨	놀	누	눙	뉴	뉵	느	늘	니	닉

다	닥	댜	댤	더	덜	뎌	뎡	도	독

됴	동	두	둘	듀	듄	드	등	디	딕

라	락	랴	량	러	럴	려	력	로	롱

료	론	루	룩	류	률	르	릉	리	릭

마	막	먀	먈	머	멍	며	멱	모	몰

묘	몰	무	뭉	뮤	뮨	므	뭇	미	믹

바	박	뱌	뱝	버	벙	벼	별	보	복
바	박	뱌	뱝	버	벙	벼	별	보	복

뵤	본	부	붕	뷰	불	브	븍	비	빌
뵤	본	부	붕	뷰	불	브	븍	비	빌

사	삭	샤	샬	서	성	셔	셕	소	셩

쇼	속	수	숭	슈	슐	스	슥	시	식

아	앙	야	약	어	억	여	열	오	옥

요	욕	우	웅	유	율	으	윽	이	익

자	작	쟈	쟐	저	정	져	졀	조	졸
자	작	쟈	쟐	저	정	져	졀	조	졸

죠	족	주	중	쥬	쥴	즈	즐	지	직
죠	족	주	중	쥬	쥴	즈	즐	지	직

차	착	챠	챨	처	청	쳐	쳔	초	촐

쵸	촘	추	충	츄	츌	츠	측	치	칙

카	칵	캬	컄	커	컹	켜	켤	코	콜

쿄	콘	쿠	쿡	큐	쿨	크	킁	키	킥

타	탁	탸	턍	터	털	텨	텬	토	통
타	탁	탸	턍	터	털	텨	텬	토	통
툐	톤	투	툭	튜	툴	트	특	티	틱
툐	톤	투	툭	튜	툴	트	특	티	틱

파	팡	퍄	퍅	퍼	퍽	펴	펼	포	퐁
표	폴	푸	푹	퓨	풀	프	플	피	픽

하	학	햐	향	허	헐	혀	혁	호	혹
효	휼	후	훙	휴	휵	흐	흘	히	힐

5장

악필 교정을 위한 글자 모양 바르게 쓰기

자음과 모음의 위치에 다른 모양에 유의하면서
기준선에 맞춰서 천천히 또박또박 써보세요

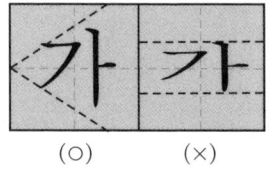 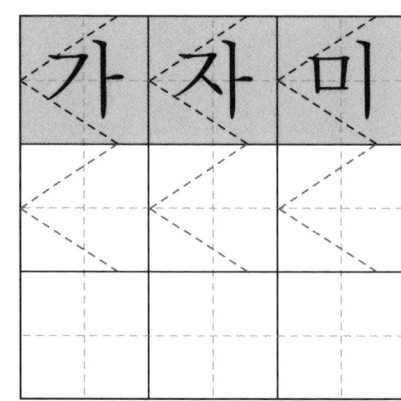 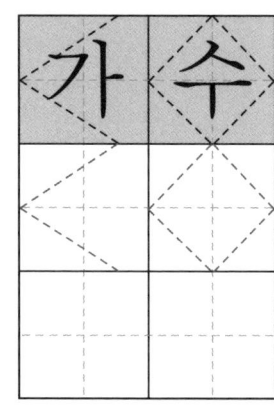

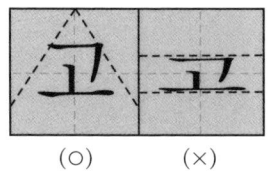 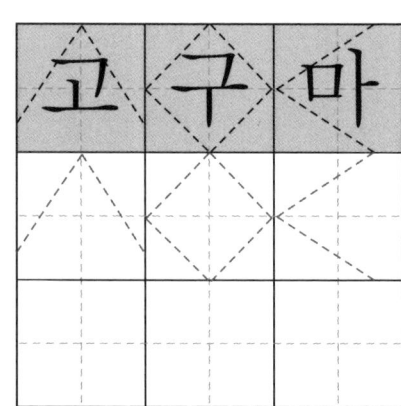 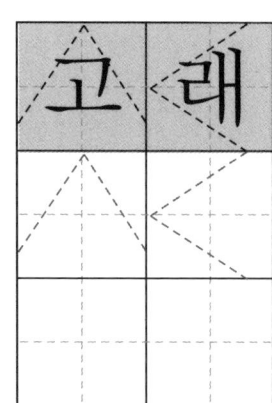

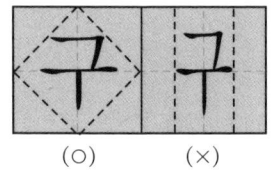 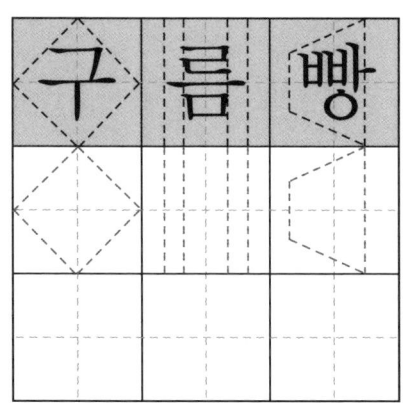 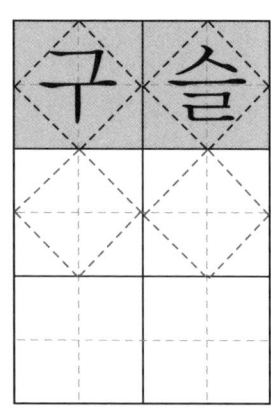

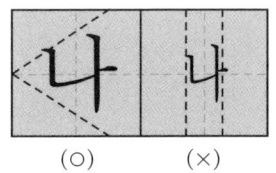
(○)　(×)

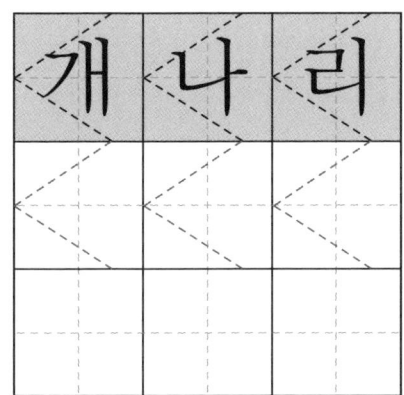

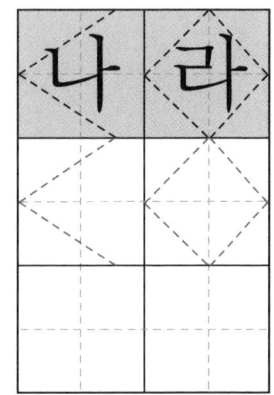

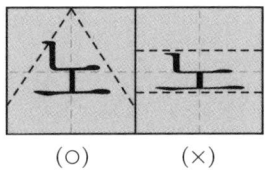
(○)　(×)

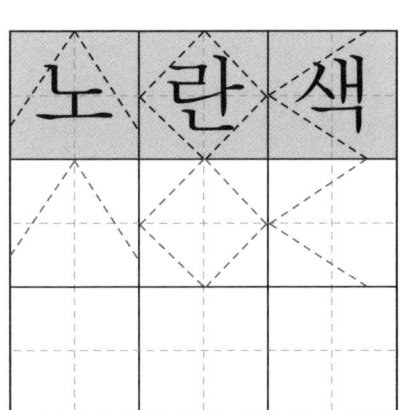

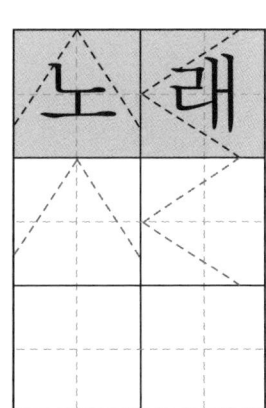

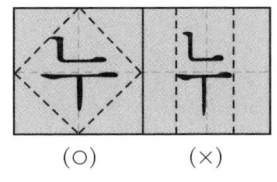
(○)　(×)

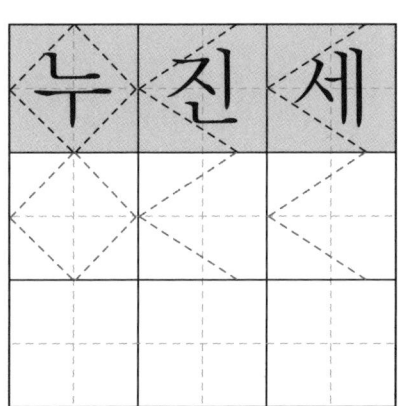

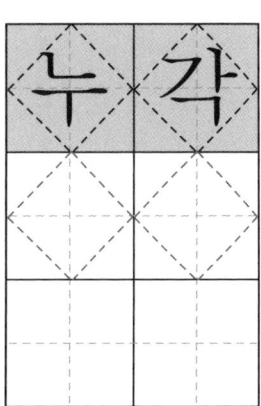

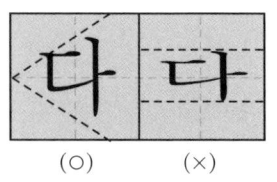
(○) (×)

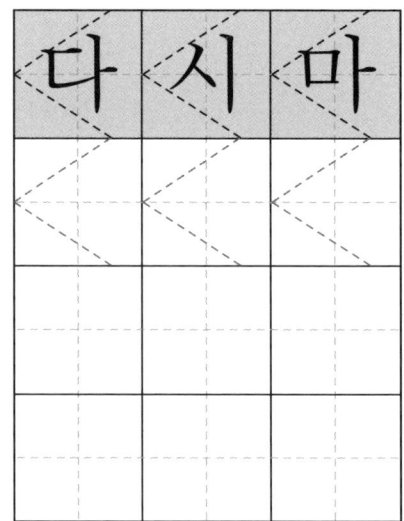

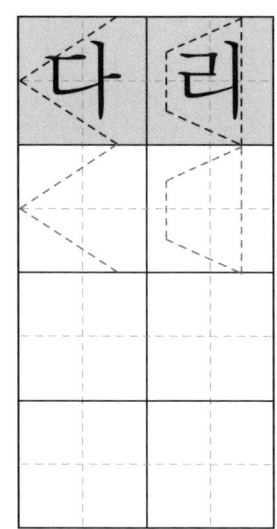

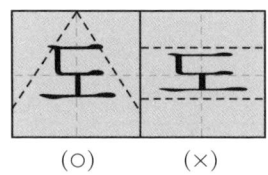
(○) (×)

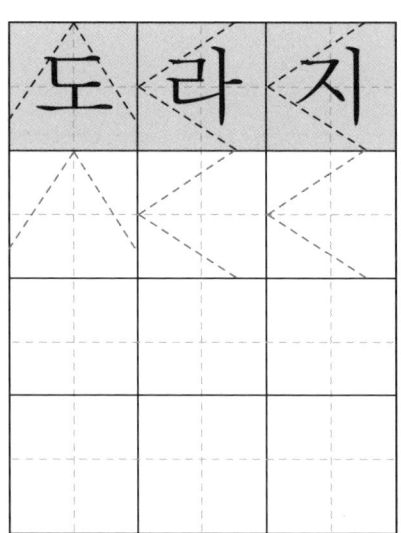

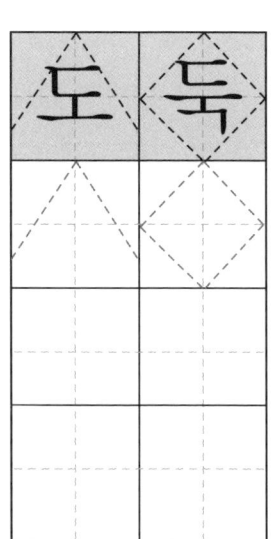

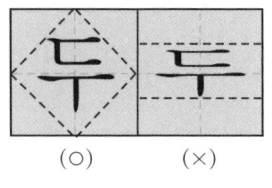
(○) (×)

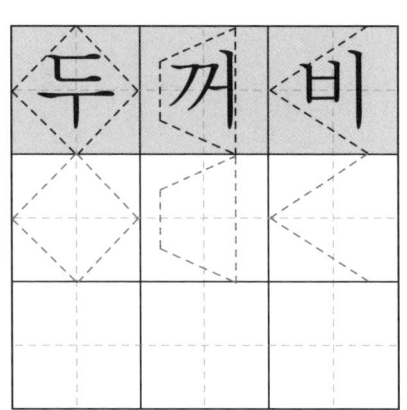

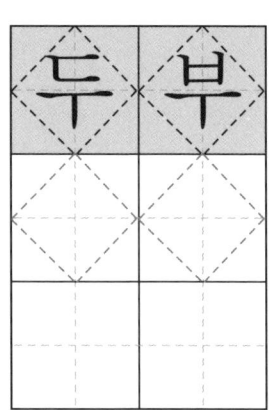

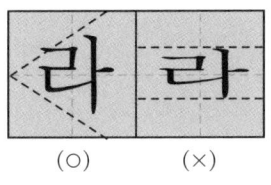
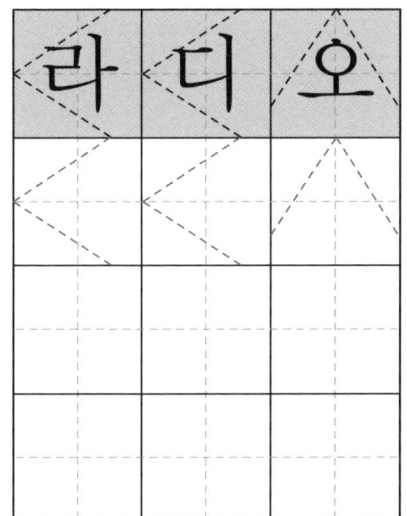
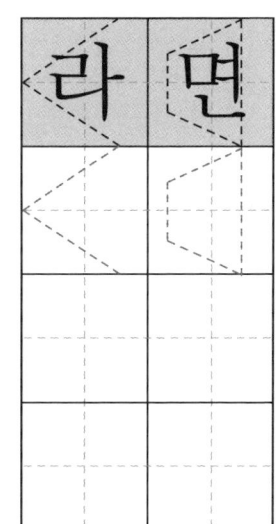

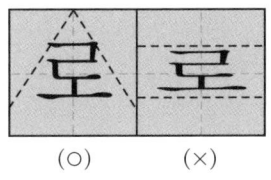
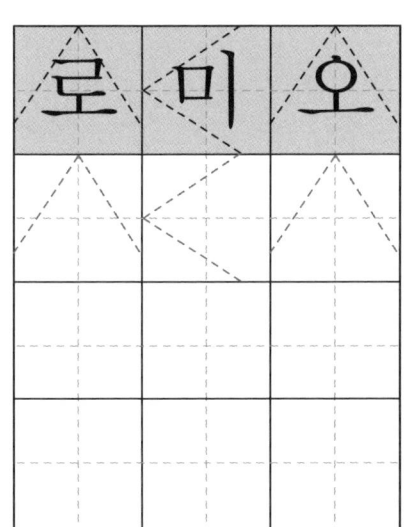
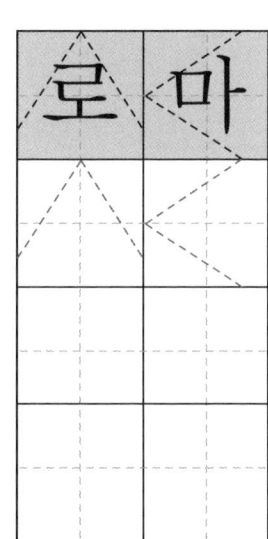

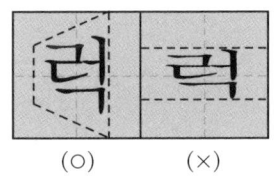
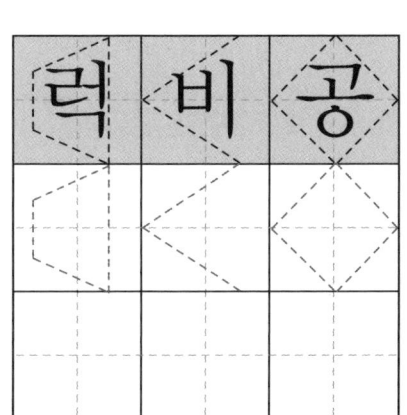
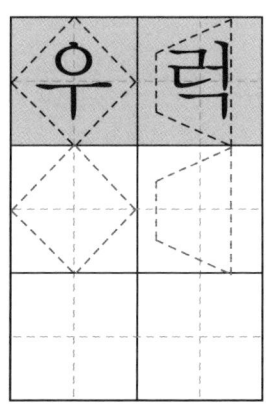

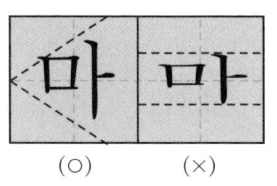
(O) (X)

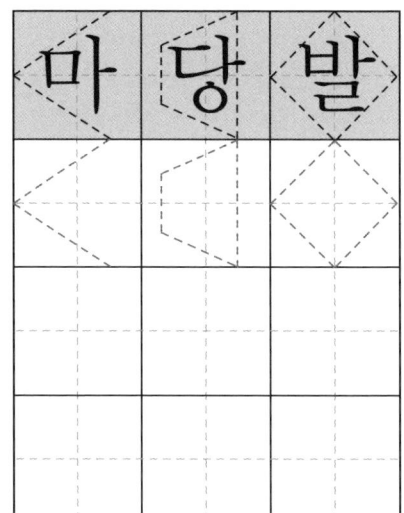

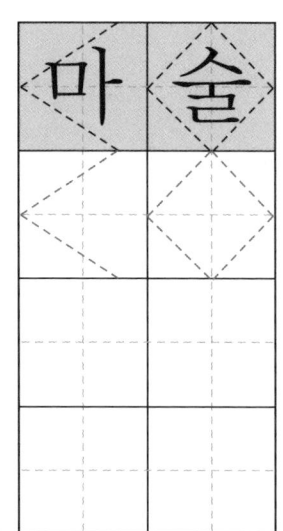

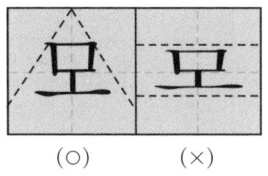
(O) (X)

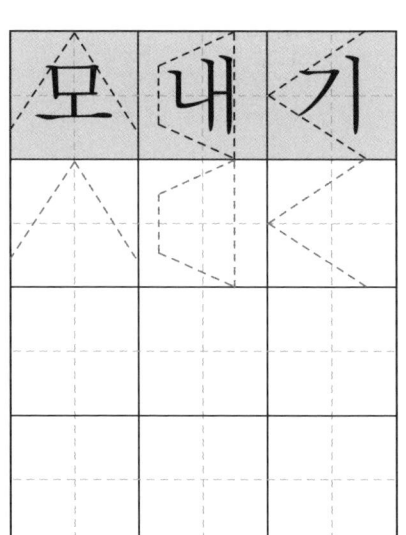

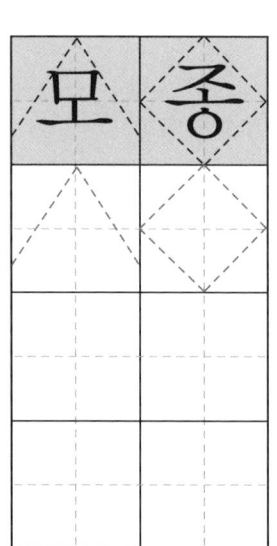

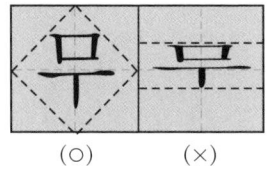
(O) (X)

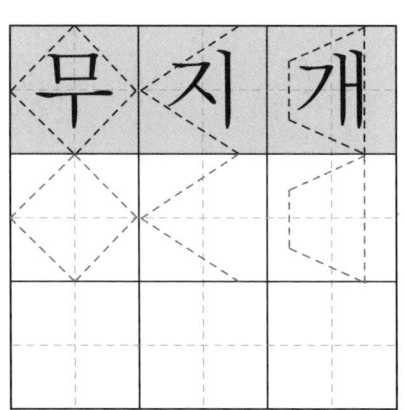

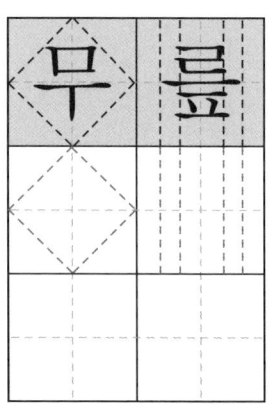

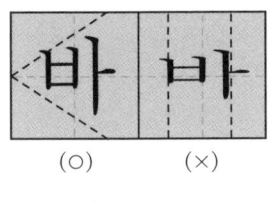
(○)　　(×)

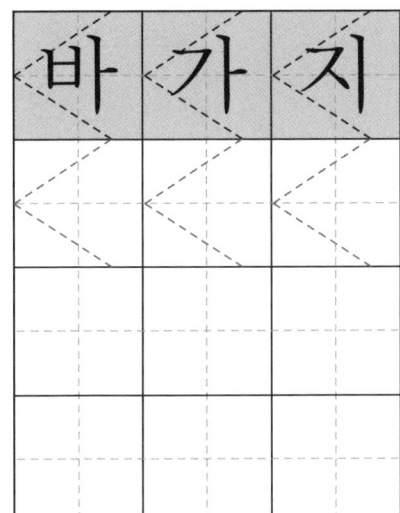

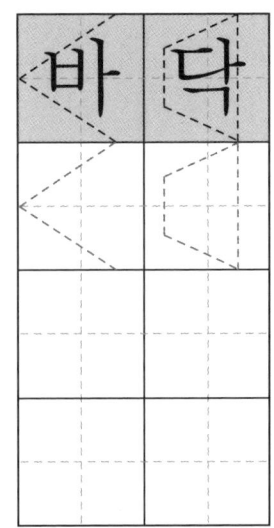

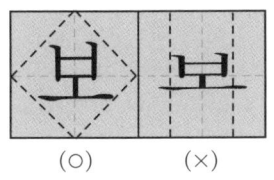
(○)　　(×)

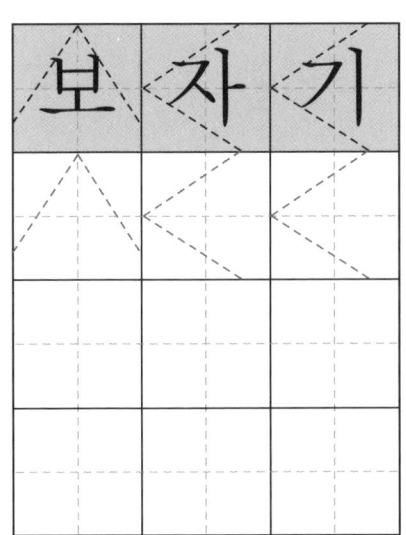

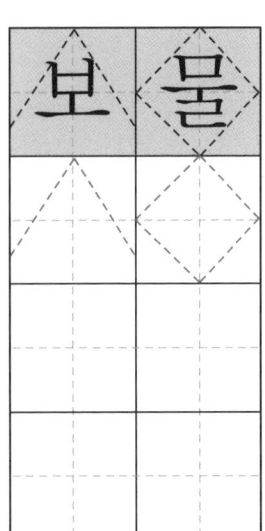

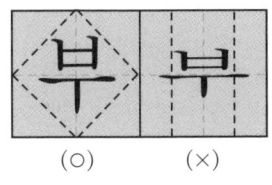
(○)　　(×)

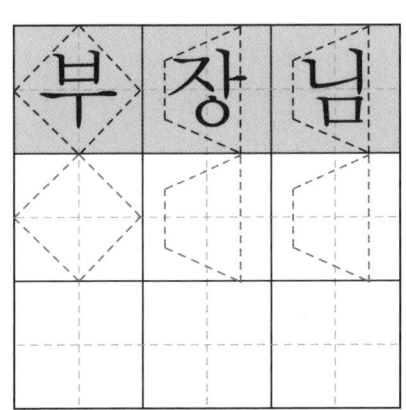

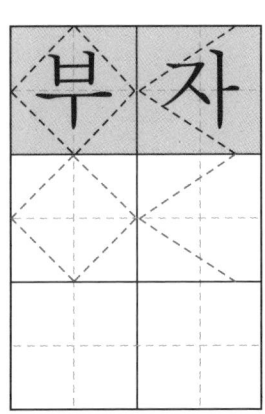

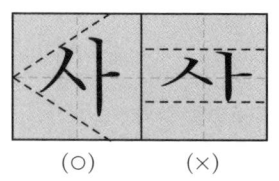
(○) (×)

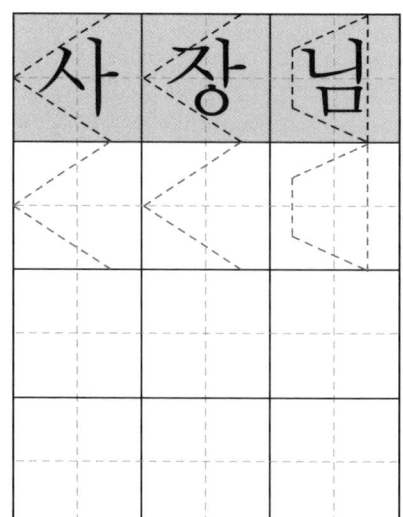

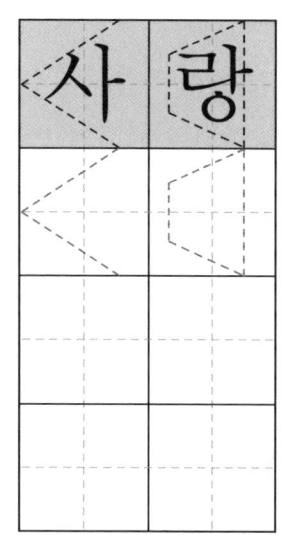

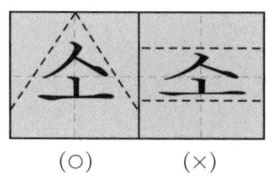
(○) (×)

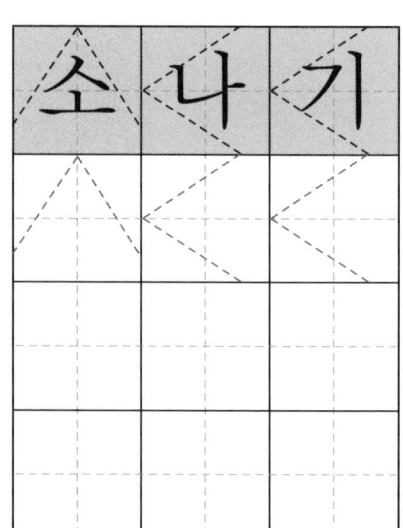

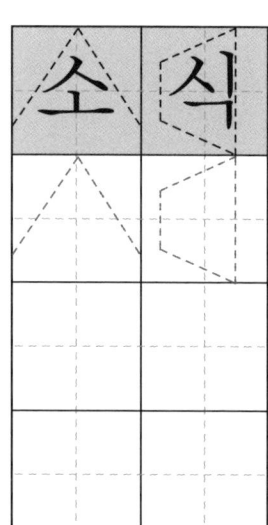

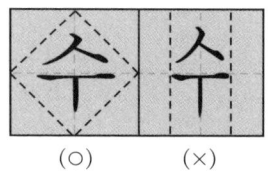
(○) (×)

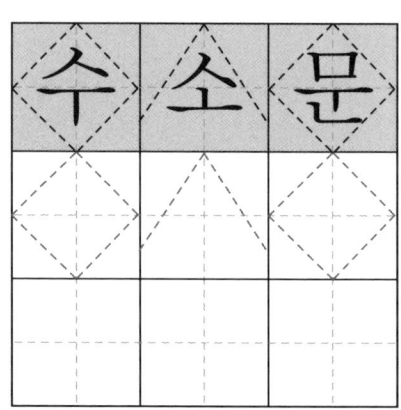

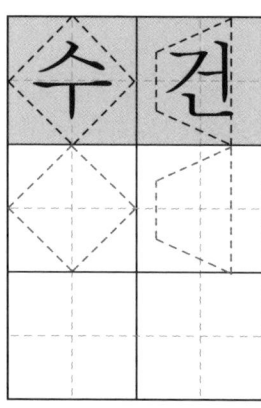

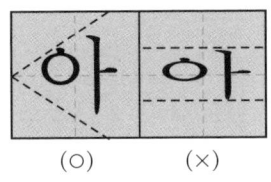
(○)　　(×)

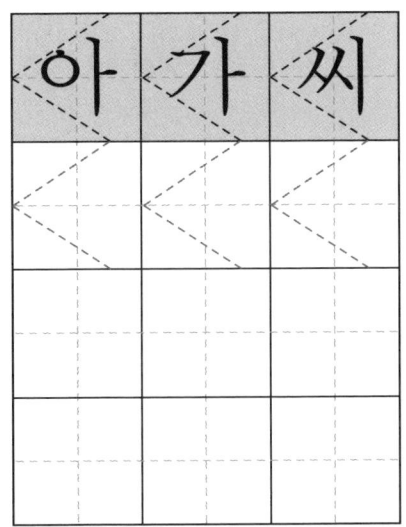

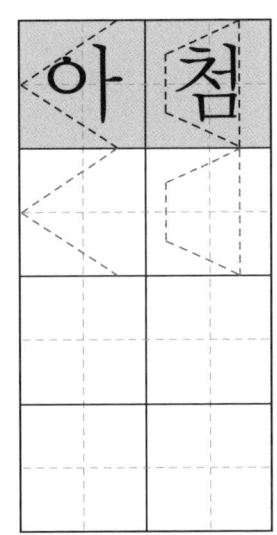

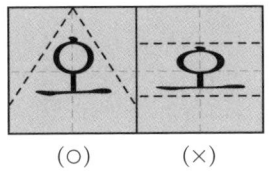
(○)　　(×)

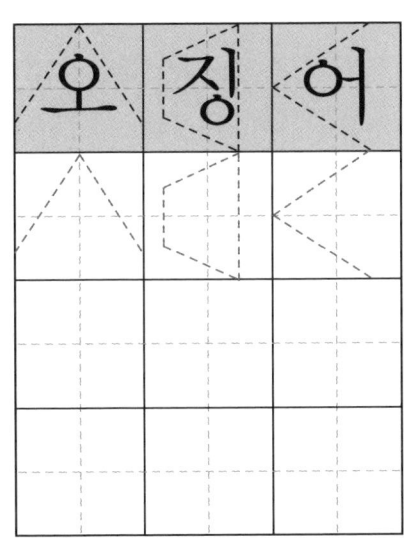

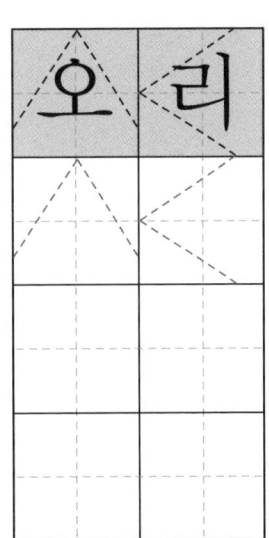

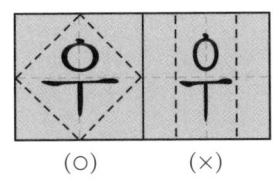
(○)　　(×)

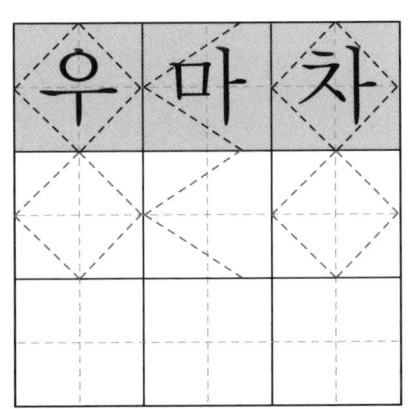

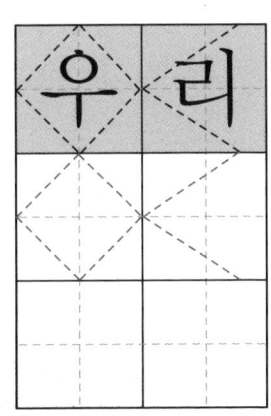

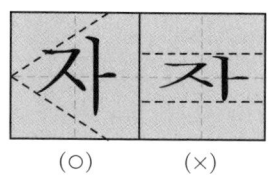
(○) (×)

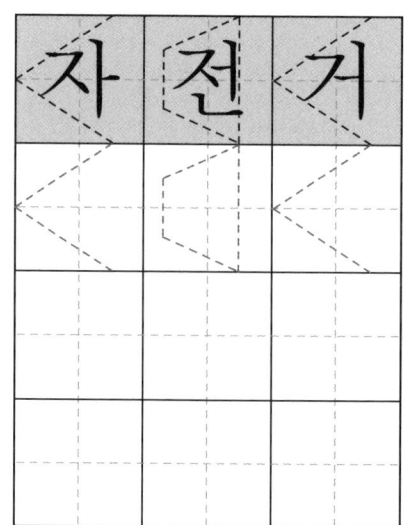

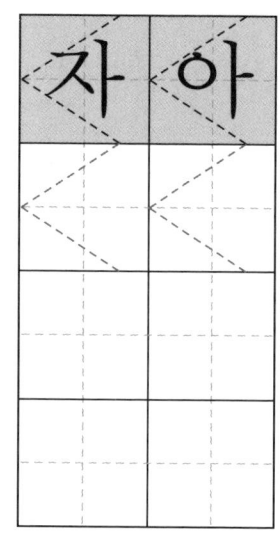

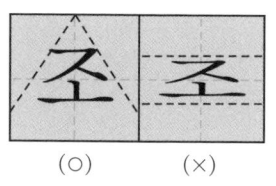
(○) (×)

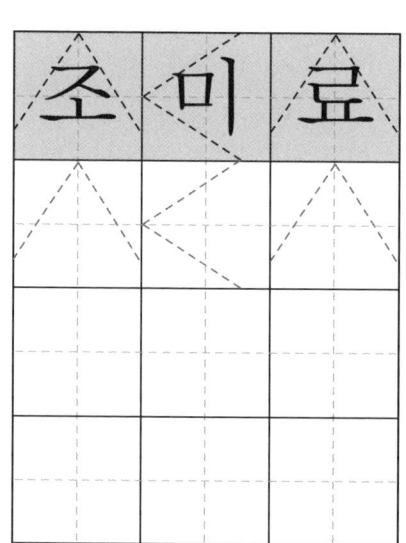

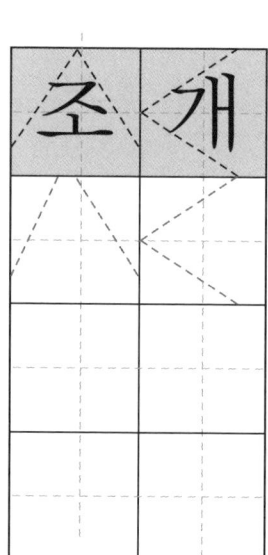

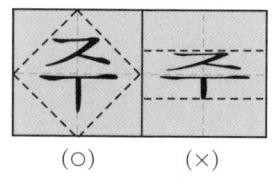
(○) (×)

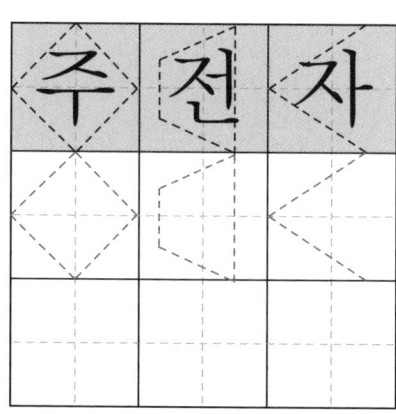

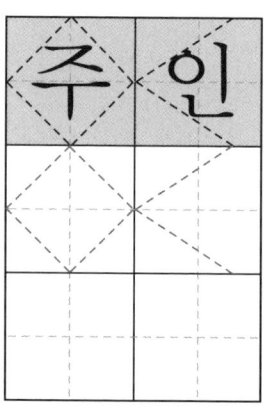

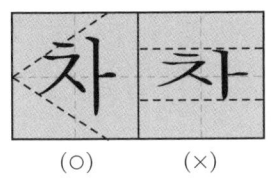
(○)　　(×)

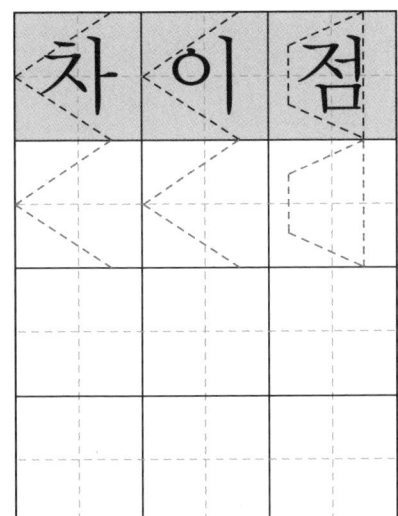

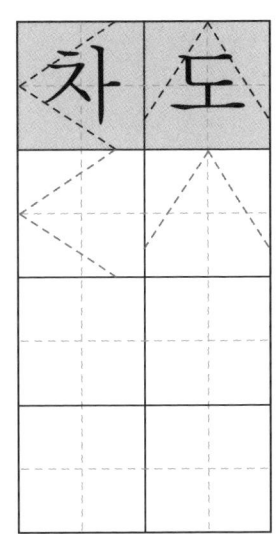

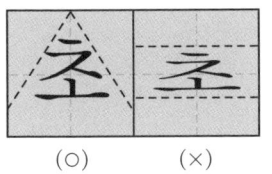
(○)　　(×)

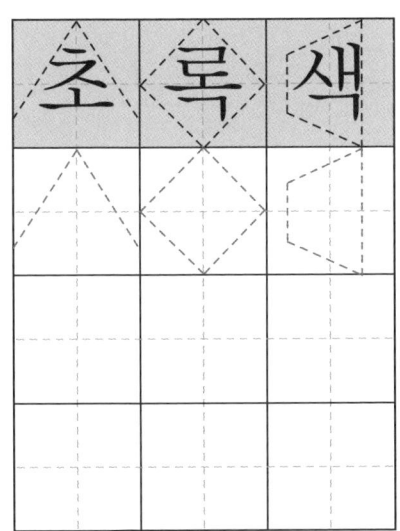

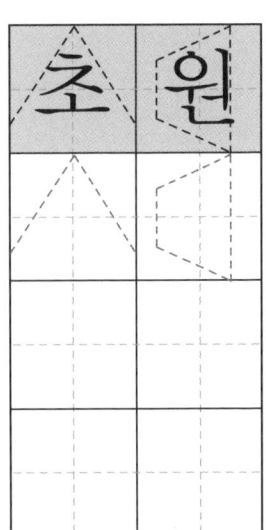

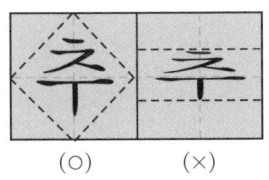
(○)　　(×)

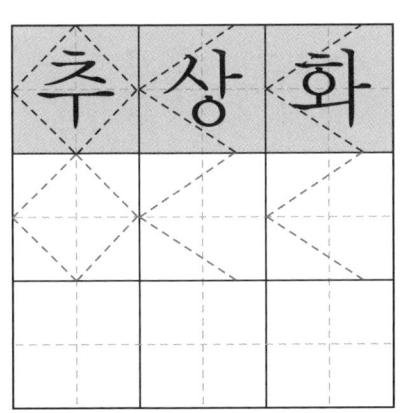

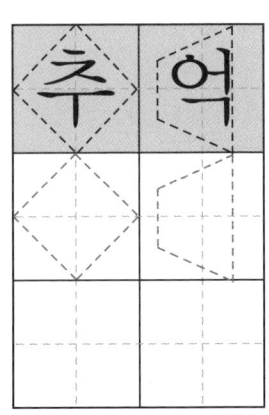

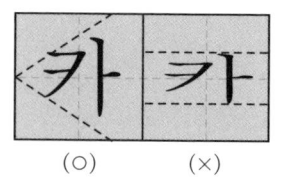 (○) (×)
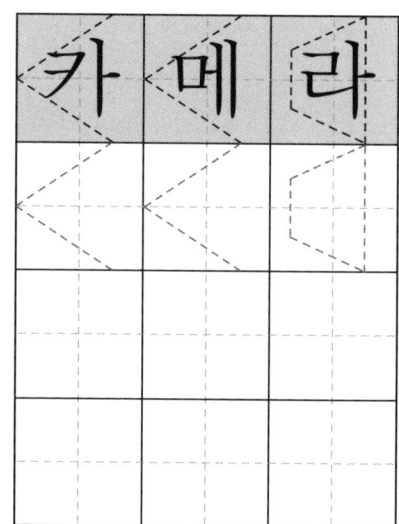
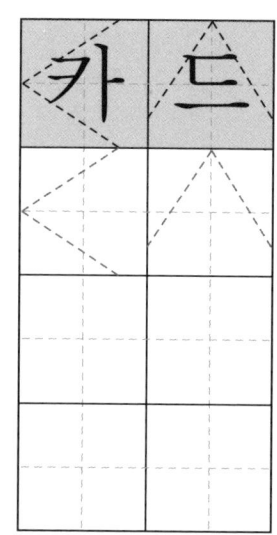

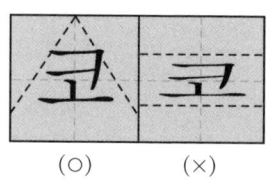 (○) (×)
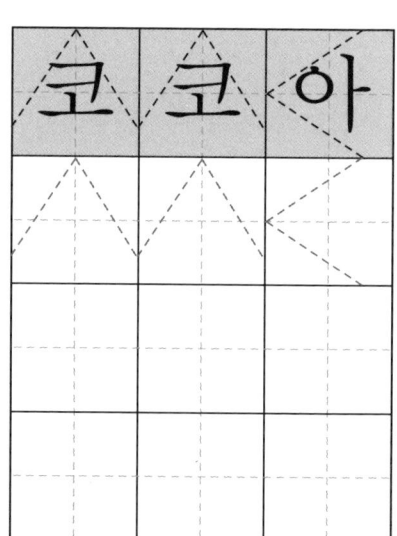
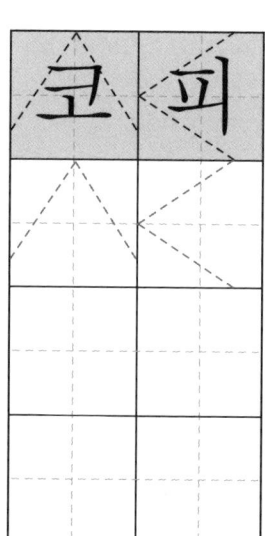

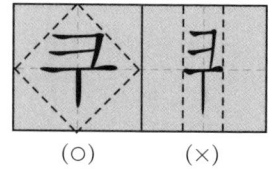 (○) (×)
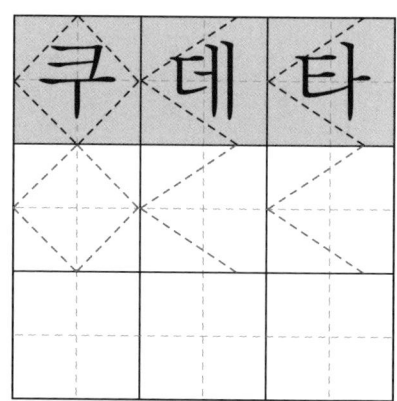
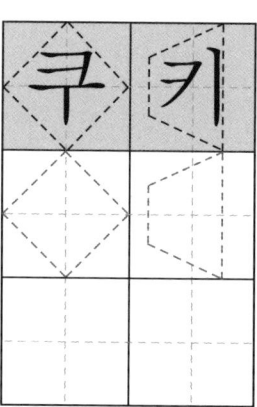

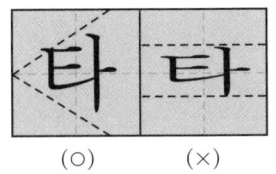
(○)　　(×)

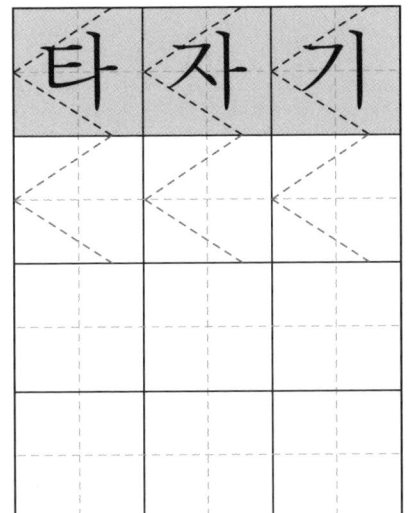

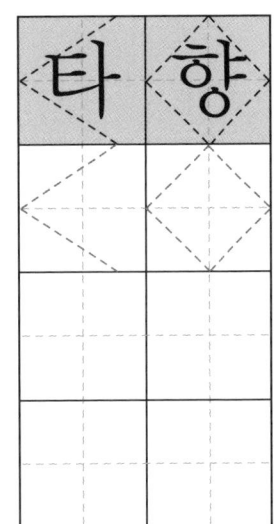

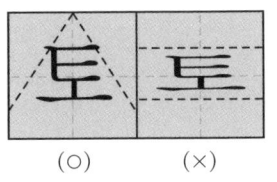
(○)　　(×)

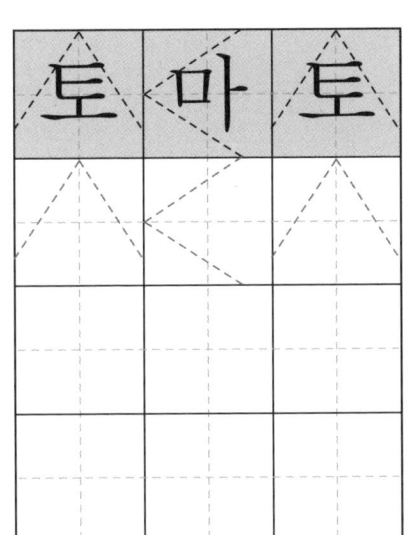

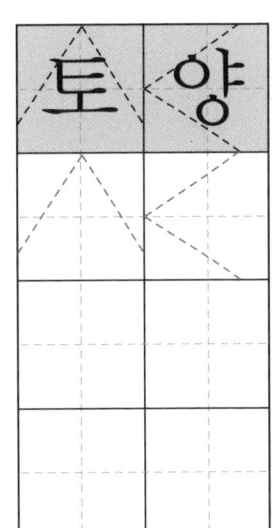

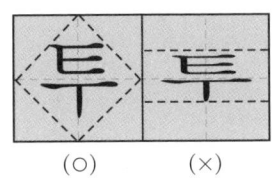
(○)　　(×)

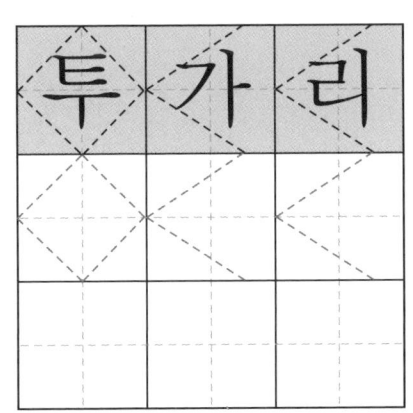

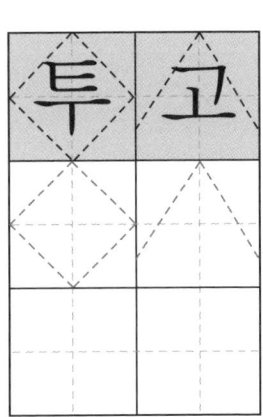

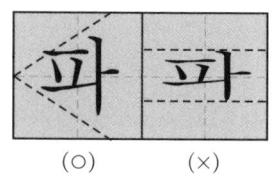 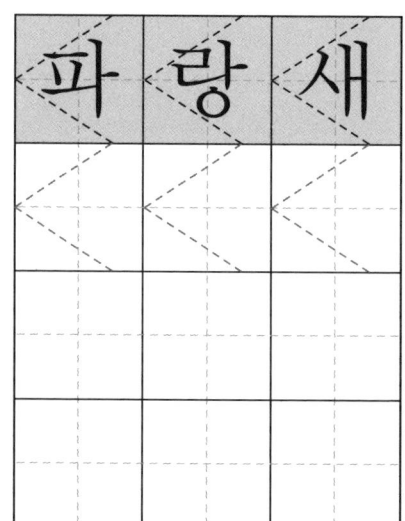 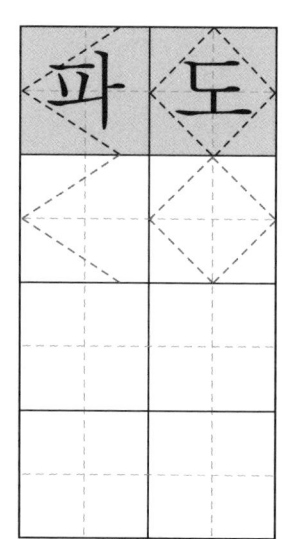

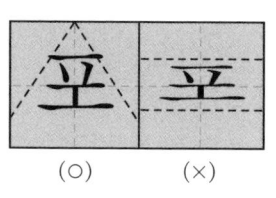 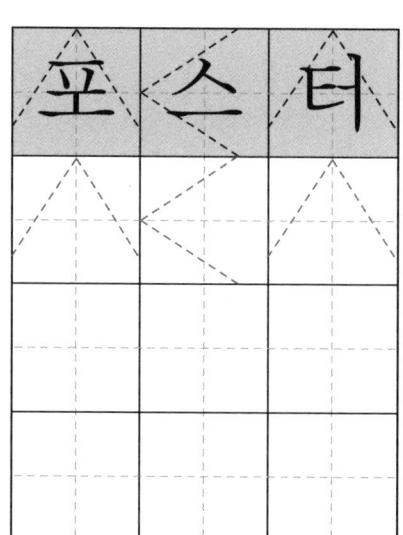 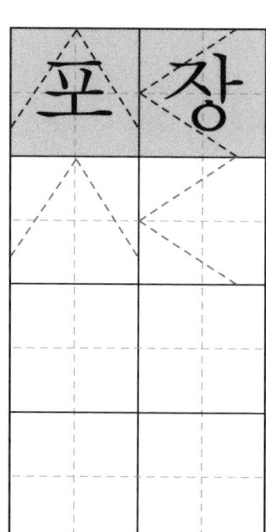

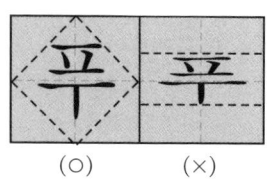 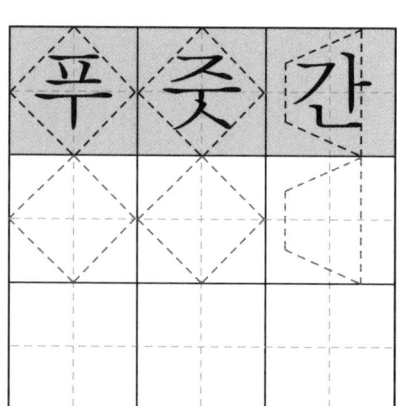 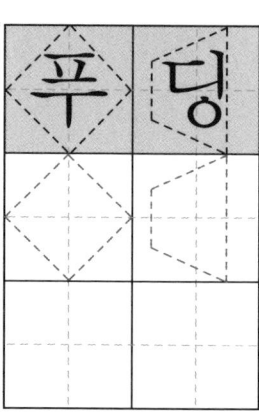

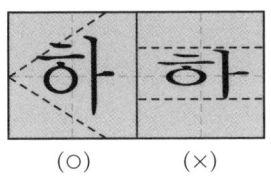 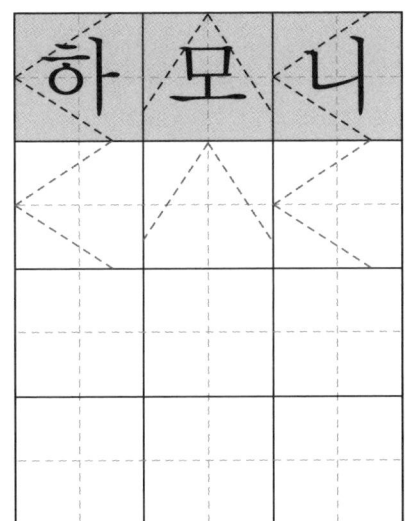 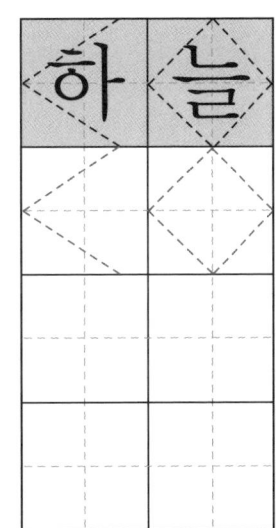

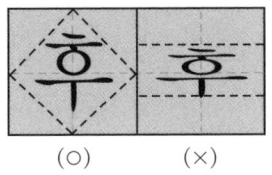 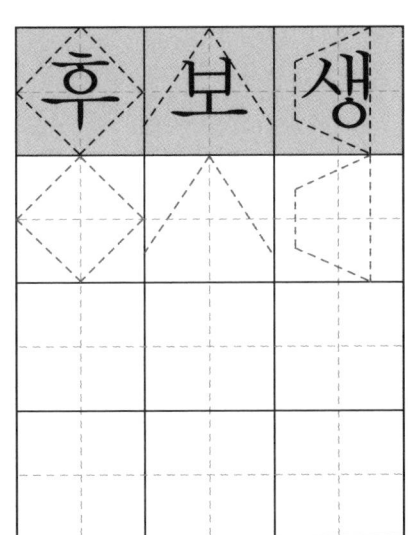 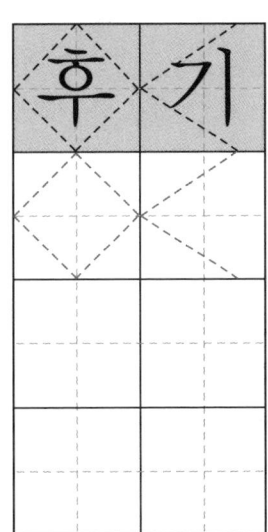

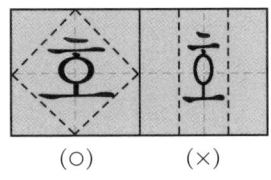 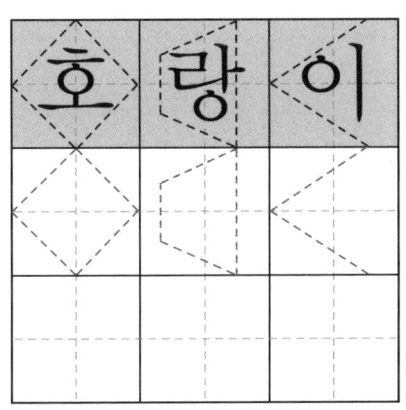 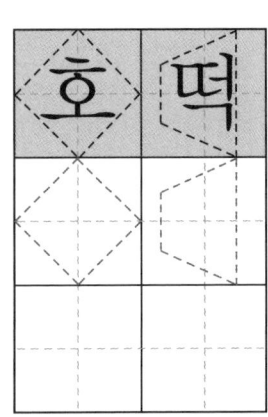

쉬어가기

세상에는 노력하고 애쓰면
세상에는 노력하고 애쓰면

불가능한 일도 가능해지고 감
불가능한 일도 가능해지고 감

당하기 어려운 일은 두려움을 V
당하기 어려운 일은 두려움을

떨쳐버려야 한다.
떨쳐버려야 한다.

6장

명언을 쓰면서 악필 교정하기

사람들은 대부분 수월한 부분만 집중적으로 연습을 한다.

그러나 전문가가 되려면 못하는 부분을 상당히 오랜 시간 동안

지속적으로 연습해야 한다.

노력만이 자신을 전문가로 만들 수 있다.

— 심리학자 S. W. 테일러

행복해지려는 사람은 소유물을 늘릴 게 아니라

욕망의 양을 줄여야 한다.

— 세네카

총명하고 생각이 밝더라도 어리석음으로 자기를 지키고,

공이 천하를 덮을 만하더라도 겸양으로 지키고,

용맹이 세상에 떨칠지라도 겁냄으로써 지키고,

부유하기가 온 세상을 차지할 정도라도 겸손으로써 지켜야 한다.

- 공자

열정을 가지고 하는 모든 노력은

결과와 상관없이 좋은 결실을 맺는다.

- 사라포바의 코치 닉 볼레티에리

사랑하는 사람과 사는 데는 한 가지 비결이 있다.

즉, 상대를 변화시키려고 해서는 안 된다는 것이다.

우리들의 비위에 거슬리는 결점을 고치려 들면

상대방의 행복까지 파기해 버리고 말기 때문이다.

— 샤르도네

행동의 씨앗을 뿌리면 습관의 열매가 열리고,

습관의 씨앗을 뿌리면 성격의 열매가 열리고,

성격의 씨앗을 뿌리면 운명의 열매가 열린다.

— 나폴레옹

승리는 가끔 있는 일이 아니다. 늘 있는 일이다.

승리가 어쩌다 한 번씩만 당신을 찾는 것은

당신이 어쩌다 한 번씩만 일을 제대로 하기 때문이다.

— 빈스 롬바르디

얼굴이 잘생긴 것은 몸이 건강한 것만 못하고,

몸이 건강한 것은 마음이 바른 것만 못하다.

— 김구

거절하는 데 많은 말을 사용할 필요가 없다.

상대는 단지 '노'라는 한 마디만 들으면 족하기 때문이다.

― 괴테

돈만을 위하여 결혼하는 것보다 더 서글픈 일은 없으며,

단지 사랑만을 위해 결혼하는 것보다 더 어리석은 일은 없다.

― B. 존슨

너무 늦었어요!

아니, 늦는 것이란 없다오.

계속 →

카토는 나이 80에 그리스어를 배웠고,

소포클레스는 그 나이에 위대한 작품 오이디푸스를 썼다오.

시모니데스는 80이 넘은 나이에 라이벌들을 제치고 상을 탔으며,

테오프라스토스는 나이 90에 인간 본성론 집필을 시작했다오.

제프리 초서는 나이 60에 우드스톡에서

동료들과 켄터베리 이야기를 썼고,

괴테는 나이 80이 지나 바이마르에서 사력을 다해

파우스트를 완성했다오.

계속 →

각각의 나이는 젊음 못지않은 기회란 말일세!

또 다른 새 옷을 입는…

저녁노을이 희미하게 사라져 가면

낮에는 볼 수 없었던 별들로 하늘은 가득 찬다네!

결코 늦지 않았어.

지금 그 일을 시작하게나.

7장 계절별 손편지 첫 문장 쓰기

계절별 손편지 첫 문장 쓰기

정갈하게 자신만의 글씨체로 정성들여 쓴 편지를 받으면 기쁜 마음과 행복감이 밀려옵니다. 때로는 상대의 마음을 움직이는 힘을 발휘하기도 합니다. 편지로 마음을 전달함에 있어서 첫 문장이 가장 까다롭습니다. 계절별 인사말을 참고하여 첫 문장을 열어보세요. 마음을 전하는 일이 한결 수월해집니다.

1월

매서운 추위에 모든 것이 꽁꽁 얼었지만 마음 따뜻한 소식을 전하게 되어 무척 기쁩니다.

묵은해가 가고 새해가 되었습니다. 올해는 어떤 일들을 계획하고 계신지요?

찬 기운에 밤하늘 별들은 더욱 깨끗한 빛으로 우리에게 다가옵니다. 추위가 이런 행복한 일들도 선물하네요.

지나간 봄을 그리워하게 됩니다. 우리의 습성이 가지 않는 길을 더욱 그리워하듯 오늘도 마음은 갈피를 잡지 못합니다.

그대를 만나러 갈 생각에 마음이 설레어서 잠이 오지 않습니다. 올해는 어떤 일들로 우리의 사랑을 키워갈까요?

2월

겨우내 나뭇가지 사이에 쌓였던 눈이 사르르 녹아 방울방울 떨어지는 소리가 무척 정겹습니다. 봄이 오려나 봅니다.

며칠 후면 졸업과 입학이 있습니다. 시작과 끝은 늘 함께임을 새삼 깨닫게 됩니다. 출발하려는 이에게 용기와 사랑을 전합니다.

세상을 하얗게 뒤덮은 눈이 햇살에 금방 녹는 걸 보니 봄이 가까이 왔나 봅니다. 겨울용품들을 하나하나 정리해야겠어요.

3월

하얀 겨울과 이별을 고하니 새싹이 고개를 드는 봄이 찾아왔네요. 싱그러운 봄내음을 가득 담아 선물합니다.

오늘은 마냥 어리기만 하다고 생각했던 아이와 떨리는 마음을 안고 교정에 들어섰습니다. 자신이 뭘 좋아하는지 알아가며 행복한 삶을 살기를 바라는 마음 간절합니다.

가끔은 하늘을 볼 수 있는 여유를 가지길, 가끔은 차 한 잔의 여유를 가지길, 가끔은 한적한 시골길을 걷는 여유를 가지길, 또 가끔은 자신을 위해 노래하는 여유를 가지길 희망해 봅니다.

4월

버드나무 가지에 연초록의 잎들이 돋아납니다. 솜틀 같은 모습에 경이로움이 느껴집니다.

역동적인 계절이죠, 4월은… 붙잡고 싶은 하루하루가, 대자연의 변화가 무섭게 달라지고 있어요.

영국 시인인 토마스 엘리엇은 황무지에서 이렇게 노래했습니다. "4월은 잔인한 달, 죽은 땅에서 라일락꽃을 피우며 추억에 욕망을 뒤섞으며 봄비로 잠든 뿌리를 일깨운다." 시인의 마음에 늘 자리하고 있는 4월입니다.

제법 많은 봄비가 내렸습니다. 대지가 생명을 틔우고 건강하게 자랄 수 있도록 준비하기에 충분한 생명수가 될 것입니다.

5월

계절의 여왕, 오월입니다. 오월의 어느 멋진 날을 기대하면서 오늘도 즐거운 일과 흥겨운 노래들을 떠올려 봅니다.

내일이 여름을 알리는 입하네요. 이 봄이 가기 전에 그동안 힘쓴 자신을 위해 여유로운 시간을 가지는 건 어떤가요?

해맑은 아이들의 얼굴과 푸른 하늘과 나뭇잎이 무척 아름다운 오월입니다. 오늘은 모든 시름을 떨쳐버리고 동심의 세계로 돌아가 지내보는 것도 좋겠습니다.

어렸을 때 오월은 가슴이 박찬 날들이 많았습니다. 어린이날, 운동회, 소풍 등 흥겨운 날들이 많았습니다. 친구들과 청군백군으로 나뉘어 달리기하던 때가 생각납니다.

6월

여름을 알리는 계절입니다. 더위에 맞서기보다는 슬기롭게 이겨내는 방법을 모색하는 것도 좋을 것입니다. 운동은 어떤가요? 운동을 좋아하세요?

혹시 힘든 일들이 자신을 지치게 하나요? 녹음이 우거진 숲에서 지치고 힘든 일들을 내려놓고 휴식하기를 권해 봅니다. 새로운 힘을 느낄 수 있을 겁니다.

가까운 공원을 산책하면서 마음에 숨겨둔 이야기 꺼내보는 건 어떤가요? 용기가 필요하지만 결과는 매우 만족스러울 겁니다.

7월

습도가 높아지는 장마철이 다가옵니다. 약한 곳을 보수하고 대비하는 일들을 늦추면 크게 신경을 써야 하니 미리미리 점검하여 피해가 없었으면 합니다.

청춘이란 나이보다는 가슴에 품은 열정을 뜻한다고 합니다. 늘 가슴이 뜨거운 사람이 되어 건강한 에너지를 나누는 삶을 영위하도록 노력해 봅시다.

뜨거운 태양이 살짝 자리를 비키니 시원한 소나기가 찾아옵니다. 이제 매미가 울어대는 본격적인 여름으로 접어듭니다.

8월

낭만이 숨 쉬는 젊음과 청춘의 계절입니다. 여름을 붙잡고 싶지 않으신가요? 햇살이 힘을 잃기 전에 바닷가에 몸을 풍덩 빠뜨려 보는 건 어떤가요?

가을의 시작, 입추입니다. 엊그제가 여름이었는데 어느덧 아침저녁으로 제법 시원한 바람이 불어오는 계절이 되었습니다. 청명한 가을하늘이 머리 위에 펼쳐져 있는 계절입니다. 1미터 앞, 땅만 보면서 지내는 건 아닌지요? 가끔은 머리를 들어 하늘을 바라보는 여유와 마음의 근심을 소리쳐 보는 용기를 가져보세요. 세상이 달라져 보일 겁니다.

9월

손편지는 아날로그의 힘을 보여주는 아주 좋은 매체입니다. 마음을 표현하고 싶을 때, 관계를 좋게 유지하고 싶을 때는 편지의 힘을 빌리세요. 그 힘이 때로는 세상을 바꾸기도 한답니다.

책을 읽고 마음을 표현하기에 좋은 계절입니다. 마음을 울리는 구절을 발견했다면 메모하고 음미해 보세요.

여름을 이겨낸 곡식이 들판을 노랗게 물들이고 있습니다. 농부의 마음을 알기에 더욱 소중하고 감사하고 마음이 풍요로워지네요.

강가 풀잎에 맑고 투명한 아침이슬이 내려 영롱한 빛으로 춤추는 듯합니다. 내 마음도 정화되는 것 같습니다.

10월

한적한 길가에 예쁜 색깔의 코스모스들이 하늘거리며 인사하는 계절입니다. 코스모스는 늘 손을 흔들며 인사하네요.

아침과 저녁의 기온차가 클수록 단풍이 아름답다고 합니다. 올해는 더욱 찬란한 단풍을 구경할 수 있을 것 같습니다. 가까운 공원이라도 나가보는 건 어떤가요?

가로수 그늘 아래에 서서 옛 생각에 잠시 잠겨보는 건 사치일까요? 나만의 낭만을 이 가을이 다 가기 전에 찾아보고 싶네요.

시월의 마지막 날에 편지를 적습니다. 노래를 흥얼거리며 추억에 젖어드는 시간이 소중하게 다가옵니다. 늘 지나간 것들에 감사하고, 또 다가올 날들을 기대하며 자신에게 솔직한 시간을 가져보는 것도 좋겠습니다.

11월

낙엽이 떨어지네요. 겨울을 준비하는 계절, 겨울나기에 무엇이 필요한지 간단한 메모를 남겨봅니다.

자연이 주는 평화와 안식이 우리를 위로합니다. 낙엽이 소복하게 쌓여 있는 뒷산에서 책갈피로 사용할 나뭇잎을 찾았습니다.

첫눈이 내린다는 소식을 친구가 전해 주네요. 책을 읽다말고 설레는 마음으로 약속을 잡았습니다.

12월

어느 듯 한 해를 마무리해야 하는 12월이 되었습니다. 정신없이 달려왔네요. 지인들께 안부 인사를 드리면서 새로운 계획을 세워야 할 것 같아요.

새해가 시작되었다고 가슴이 뛰던 때가 얼마 지나지 않은 것 같은데 벌써 연말이 되었습니다. 세월이 유수와 같다는 말이 실감납니다.

우리의 소중한 만남이 시작되었던 한 해가 저물어갑니다. 많은 배려에 감사드리며 다가오는 새해에는 더 나은 모습으로 인사드리겠습니다.

8장

짧은 글 깊은 울림으로 악필 교정하기

동물 나라에 전쟁이 일어났다.

사자가 총사령관이 되었다. 코끼리, 곰, 여우, 원숭이 등 모든 동물이 사자 사령관 앞에 모였다.

이때 "멍텅구리 당나귀는 돌아가라!"라고 누군가가 소리쳤다.

"모두 조용히 해! 당나귀는 나팔수로 쓸 것이고, 토끼는 전령으로 쓰겠다."

사자 사령관 수하의 모든 동물들이 숙연해졌다.

현명한 지도자는 사자 사령관처럼 각자의 능력에 따라 적합한 일을 맡긴다. 깊이 생각하고 멀리 볼 줄 아는 지도자는 어느 누구도 업신여기거나 저버리지 않으며 그는 또한 남이 보지 못한 재능을 찾는다.

아름다운 입술을 갖고 싶으면 친절한 말을 하라.
사랑스러운 눈을 갖고 싶으면 사람들의 좋은 점을 보아라.
날씬한 몸매를 갖고 싶으면 너의 음식을 배고픈 사람과 나누어라.
아름다운 머리카락을 갖고 싶으면 하루에 한 번 어린이가 손가락으로 너의 머리를 쓰다듬게 하라.
아름다운 자세를 갖고 싶으면 결코 너 혼자 걷고 있지 않음을 명심하라.

언덕길을 오를 때 몸의 방향이 어느 쪽이냐에 따라 오르막이 되기도 하고 내리막이 되기도 합니다. 바람도 똑같습니다. 자기 몸의 방향이 어느 쪽이냐에 따라 차가운 바람, 방해하는 바람, 따뜻한 바람, 밀어주는 바람이 됩니다. 마음의 방향, 생각의 방향을 바꿔야 합니다. 행복과 불행, 절망과 희망, 사랑과 미움은 같은 것입니다. 생각의 방향, 몸의 방향이 어느 쪽이냐에 따라서 영원한 절망의 길이 되고, 영원한 희망의 길이 됩니다.

우리는 수없이 실패합니다. 넘어졌다가 다시 일어나고 또 넘어져도 다시 일어나면서 좌절과 역경을 극복한 결과가 바로 성공으로 나옵니다. 성공으로 향하는 출발점에 필요한 것은 재능이 아니라 노력입니다. 평범함을 극복해 비범함으로 옮아가겠다는 강한 정신력이 성공과 실패를 가늠 짓는 결정적인 요인입니다. 그 과정 속에서 느낄 수 있는 나태함, 자족감은 궁극적인 목표를 이루는데 걸림돌이 될 뿐입니다. 그래서 진정으로 높은 수준에 올라 있는 사람은 다른 사람과 경쟁하지 않고 자기 자신과 경쟁합니다.

미래를 그린다는 것은 10년 후를 생각할 줄 안다는 것입니다. 1년 뒤의 일도 모르는데 어떻게 10년 앞을 내다볼 수 있을까요? 물론 누구도 미래를 알 수 없습니다. 그러나 10년 후의 자신이 어떤 모습일지 생각해 보는 연습을 하는 사람과 생각 없이 10년을 흘려보내는 사람은 당장 오늘부터가 다릅니다. 10년 후를 목표로 진취적으로 행동하는 사람과 아무 생각 없이 멍하니 지내는 사람은 차이가 있습니다. 그 차이가 지금은 아주 작을지 모르지만, 10년이 지나는 동안 엄청나게 커집니다.

시인 롱펠로우는 백발이 될 때까지 열심히 시를 쓰고 후학을 가르쳤습니다.

비록 머리칼은 하얗게 세었지만 또래의 친구들보다 훨씬 밝고 싱그러운 피부를 유지하며 활기찬 노년을 보냈습니다.

하루는 친구가 와서 비결을 묻자 롱펠로우가 대답했습니다.

"정원에 서 있는 나무를 보게. 이제는 늙은 나무지만 꽃을 피우고 열매도 맺는다네. 그것이 가능한 건 저 나무가 매일 조금이라도 계속 성장하고 있기 때문이라네. 나도 그렇다네."

세상에서 가장 어려운 게 뭔지 아니?

글쎄요…

세상에서 가장 어려운 일은 사람이 사람의 마음을 얻는 일이란다.

사막이 아름다운 건 어디엔가 샘을 감추고 있기 때문이야.

눈으로 찾을 수 없어. 마음으로 찾아야 해.

길들인다는 게 뭐야?

너는 나에게 이 세상에서 단 하나뿐인 존재가 되는 거고 나도 너에게 세상에 하나뿐인 유일한 존재가 되는 거야.

너의 장미꽃이 그토록 소중한 것은 그 꽃을 위해 네가 공들인 그 시간 때문이야.

너는 네가 길들인 것에 대해 언제까지나 책임이 있는 거야.

★ 글씨체를 교정하려면 현재 자신의 글씨체를 확인하는 게 중요해요!

악필 교정을 한 후 나의 글씨

여러분 힘겨운 과정을 잘 넘겼습니다. 축하드립니다. 악필 교정을 위한 팁들을 떠올리며 아래 시를 적어 봅니다. 글자 크기, 받침의 위치, 자음과 모음의 조화 등에 유의하면서 자신의 글씨체에 집중합니다. 이 책을 시작했을 때의 글씨체와 어떻게 달라졌는지 비교해 보세요.

초혼

김소월

산산이 부서진 이름이여!

허공 중에 헤어진 이름이여!

불러도 주인 없는 이름이여!

부르다가 내가 죽을 이름이여!

심중에 남아 있는 말 한 마디는

끝끝내 마저 하지 못하였구나.

사랑하던 그 사람이여!

사랑하던 그 사람이여!

붉은 해는 서산 마루에 걸리었다.

사슴의 무리도 슬피 운다.

떨어져 나가 앉은 산 위에

나는 그대의 이름을 부르노라.

설움에 겹도록 부르노라.

설움에 겹도록 부르노라.

부르는 소리는 비켜가지만

하늘과 땅 사이가 너무 넓구나.

선 채로 이 자리에 돌이 되어도

부르다가 내가 죽을 이름이여!

사랑하던 그 사람이여!

사랑하던 그 사람이여!